ToB 产品实战

内容策略与运营

刘阳 编著

CONTENT OPERATION MANAGER
PRODUCT PRACTICES

ToB（To Business）产品针对的是企业级用户，具有价格昂贵、操作使用复杂、用户决策链条较长和信息需求量较大等特点，因此，要用一整套的内容矩阵在各个用户的触点发挥作用，一旦其中某一个环节缺失或出错，就可能会造成负面的产品反馈、较差的用户体验，甚至订单流失等恶劣后果。

本书强调一致、整体、协调的内容体系的建设，采用结构化、标准化的生产方法论，从企业的实战出发，结合ToB产品和用户触点，提供了优化内容流程的思路和方法，解决了生产端到渠道发布过程中的常见问题，整体助力产品在商业上取得成功。

无论是ToB产品总监、产品经理、内容运营官还是内容设计师等相关的内容运营人员，只要工作与ToB产品有关，就要对整体的内容有所感知，了解ToB产品内容与ToC（To Customer，针对的是个人用户）产品内容的不同，以及与ToB产品设计相关的战略思考、交流沟通、思考过程和技术方法等。希望本书可以提升读者对ToB产品内容设计的认知和创作水平，使内容团队能够高效地运行。

图书在版编目（CIP）数据

ToB产品实战：内容策略与运营／刘阳编著．—北京：机械工业出版社，2022.2
ISBN 978-7-111-69985-9

Ⅰ.①T… Ⅱ.①刘… Ⅲ.①企业管理 Ⅳ.①F272

中国版本图书馆CIP数据核字（2022）第007377号

机械工业出版社（北京市百万庄大街22号 邮政编码100037）
策划编辑：丁 伦 责任编辑：丁 伦
责任校对：徐红语 责任印制：单爱军
北京虎彩文化传播有限公司印刷
2022年3月第1版第1次印刷
170mm×240mm · 10.75 印张 · 163 千字
标准书号：ISBN 978-7-111-69985-9
定价：59.90元

电话服务 网络服务
客服电话：010-88361066 机 工 官 网：www.cmpbook.com
　　　　　010-88379833 机 工 官 博：weibo.com/cmp1952
　　　　　010-68326294 金 书 网：www.golden-book.com
封底无防伪标均为盗版 机工教育服务网：www.cmpedu.com

序：产业互联网的发展带来 B 端新机会

随着互联网普及率不断提升，消费互联网可以说是进入了后流量红利时代。告别流量红利的黄金时代之后，从消费互联网向产业互联网延伸是一个必然的趋势和核心路径。以现有技术进行消费互联网和产业端的结合，以 B 端（即 ToB，为 To Business 的缩写，针对的是企业级用户）产业互联网提升供应链的运营效率，将会最终改善消费互联网的用户体验，从而增强付费用户的黏性并促进价值变现。

产业互联网通常涉及 B 端的客户。企业服务向产业链的上下游渗透，用连接、数据和智能三大要素去解决更多环节的痛点。随着云计算、大数据、网络与存储等技术应用的发展普及，产业互联网已在各行各业展开实践。产业互联网覆盖的行业相当广泛，涉及服务业、工业和农业等行业，甚至还会扩展到政府相关部门，进而帮助整个社会的生产和服务体系走向全面互联，从营销服务、生产研发到企业管理，渗透到组织内部的各个环节。

根据艾瑞在 2020 年的研究报告，与 C 端（即 ToC，为 To Customer 的缩写，针对的是个人用户）业务的跑马圈地抢流量不同，ToB 的业务讲究精耕细作，关注成本、效率和产品的定制性。消费互联网以流量和注意力经济为基础，生产链条较短、供需关系简单，因此非常容易形成互联网寡头垄断的总体格局；而生产领域的产业参与者多种多样，产业链长且交错复杂，产业互联网将多条产业链的上游资源、中间商、服务企业、核心生产企业、终端消费者等一系列环节组成多节点的生产网络，是信息流动的去中心化过程。可以说，生产网络的复杂性、多元性和专业性决定了产业互联网领域难以出现全局性的垄断寡头。同时，生产网络的建立将形成多个连接的关键节点，催生新的节点型价值中心。

亚马逊的 AWS（Amazon Web Services，亚马逊云科技）就是从消费互联网向产业互联网，转动了 ToC 到 ToB 的整个"轮盘"。国内的阿里巴巴、腾讯以及近年来异军突起的字节跳动等企业，早已不再观望，发力云计算与企业服务，走入企业数字化转型的大型 B 端现场。而 B 端的产业和服务链条的复杂性，必然带动对内容消费的新需求。以往相对"博眼球引流量"的 C 端内容运营与服务，在企业服务的严肃场合，稍显不适，作用有所欠缺。这样的变化，给 B 端的内容从业者带来了更多的机会，也让 B 端的内容运营能力变成一个企业不可或缺的能力。

内容生产成本本来就较高，运营执行中难以全部兼顾，特别是 ToB 内容运营更是难以量化，这就要求相关的团队负责人具备较高的内容敏感性和丰富的经验。要想充分体现内容的价值，除了时间的积累，还要求内容创作者花费大量时间和精力去深入研究和学习，祝各位读者开卷有益。

阿里云高级产品专家　黄鹏程

前　　言

从 2010 年入行至今，从一开始的技术写作与传播到现在的整体内容运营，从海康威视（杭州海康威视数字技术股份有限公司）到阿里云（阿里云计算有限公司，以下简称阿里云），不知不觉在内容这个行业内已经十几年了，我也经历了从青春年少到上有老下有小的阶段。这期间有过很多动摇和迷茫，也有过纠结和怀疑，但是从内心深处，对内容行业的热爱从没变过。

在我眼中，内容是个有趣的事情，无论人们所处哪里，都会被各种各样的内容包围着，可以反感某些内容，也可以为某些内容深陷不已，不论怎么样，每个人都被内容深深影响着。

然而，我也看到，有很多人谈及内容运营会将其等同于自媒体的运营，就像短视频的拍摄，拍摄者往往更关心的是 PV（Page View，页面浏览量）、UV（Unique Visitor，独立访客）等指标。这种思路虽然有一定的道理，却有一定局限。

我在阿里云承担内容运营工作的初期，也常常会感到一筹莫展，不知从何抓起。花了很长一段时间，和我的团队一起应用结构化的设计方法，抽丝剥茧，才慢慢找到了头绪。之后在内部做了很多关于结构化的内容设计和写作的分享，也因此有了出版本书的机缘。非常幸运的是，我喜欢内容这个领域，而它也给了我丰厚的回报。

有些企业在 ToB（To Business，针对的是企业级用户）转型的过程中，还只是用 ToC（To Customer，针对的是个人用户）的内容运营思路，往往不奏效，难以通过内容带来直接的转化；也有些高科技的企业，缺少专人来创作内容，技术人员的写作意愿和能力都有很大的提升空间；还有些 ToB 的企业其实不缺乏内容生产，但是往往缺少规划，很难抓住痛点。

本书强调一套整体、一致和协调的内容体系的建设，从企业的实战出发，结合产品和用户触点，帮助读者提升对ToB内容的认知，以及内部创作水平，书中提供的优化内容流程的思路和方法，可以解决生产端到渠道发布过程中的常见问题，整体助力产品在商业上取得成功。

写作与出版本书是个艰辛的过程，我要一边工作，一边写作，家里还有个刚上小学的顽皮小子，但同时这又是一个学习与成长的过程，让我受益匪浅。当然，本书中有些许的遗憾，总是觉得如果再多一点时间，再投入更多的精力的话，很多的概念可以阐述得更加深入和全面。但是能够用这些内容，给读者一些启发，引起业界的思考甚至是讨论，都是有价值的。

在本书的创作过程中，还要感谢前辈们的研究和奉献，让我能够有了汲取知识的源泉。感谢在写作中给我帮助的师长、同事，是在与你们的合作过程中，我获得了源源不断的灵感和解决问题的答案。感谢我的爱人对我的支持和鼓励，每次我退缩了，你总是鼓励我，相信我能行，你也让我变得更加自信，更加愿意信任他人。感谢我的父母对我无私的付出。感谢我的孩子，因为有你，让我愿意更加努力，成为更好的人，希望一生尽力能做你的榜样。同时，也非常感谢读者的信任，希望您能够从阅读中受益。

编　者

目 录

序：产业互联网的发展带来 B 端新机会
前　言

第 1 章　ToB 产品需要的内容

1.1　内容与内容运营 ·· 2
　1.1.1　什么是内容 ·· 2
　1.1.2　内容运营概述 ······································ 3
　1.1.3　内容运营的重要性 ································ 4
1.2　ToB 产品的内容需求 ···································· 5
　1.2.1　产品的介入度 ······································ 5
　1.2.2　内容消费对象的多元化 ·························· 8
1.3　按照内容的功能进行分类 ······························ 10
　1.3.1　技术内容和市场内容的定义 ··················· 10
　1.3.2　技术内容和市场内容的区别 ··················· 10
　1.3.3　技术内容和市场内容的联系 ··················· 12
1.4　其他的分类维度 ·· 14
　1.4.1　从与用户交流的不同阶段来看 ················ 14
　1.4.2　从内容与产品的结合度来看 ··················· 18
1.5　ToB 内容的特点与挑战 ································ 19
　1.5.1　ToB 内容的特点 ·································· 19
　1.5.2　ToB 内容的误区 ·································· 20

第 2 章　内容运营目标与策略

2.1　内容运营的目标 ·· 24

2.1.1　四大目标 ·· 24
　　2.1.2　北极星指标 ·· 26
　2.2　整体的内容策略 ·· 27
　2.3　内容运营策略需要考虑的元素 ································· 28
　2.4　内容策略与内容管理 ··· 30

第 3 章　设计内容的体系

　3.1　如何设计有效的内容体系 ··· 34
　　3.1.1　以用户为中心的写作 ··· 34
　　3.1.2　明确公司的产品和服务 ····································· 40
　　3.1.3　参考榜样或竞争对手 ··· 41
　　3.1.4　要有管理内容的思路 ··· 42
　3.2　常见的 B 端产品体系结构 ······································· 43
　　3.2.1　结合内容与用户 ·· 43
　　3.2.2　产品本身 ··· 44
　　3.2.3　销售赋能类的内容 ·· 45

第 4 章　设计内容的结构

　4.1　结构化写作让写作成为一个填空题 ·························· 50
　　4.1.1　什么是结构 ··· 50
　　4.1.2　结构化思维方法 ·· 56
　　4.1.3　什么是结构化写作 ·· 60
　　4.1.4　结构化写作带来的阅读变化 ······························ 64
　　4.1.5　结构化写作相关案例解析 ································· 67
　　4.1.6　结构化写作的优势 ·· 69
　4.2　内容结构的设计 ·· 73
　　4.2.1　转换思路 ··· 74

4.2.2 "看"到结构 ··· 74
4.2.3 自上而下的结构设计 ··· 76
4.2.4 自下而上的结构设计 ··· 78
4.2.5 交叉方法的结构设计 ··· 79
4.2.6 内容元素、内容模块与内容模型 ································ 79

第 5 章 生产与梳理内容

5.1 内容盘点 ·· 88
   5.1.1 内容盘点过程 ··· 88
   5.1.2 针对某软件平台产品的内容梳理 ······························· 90
5.2 内容的活水源 ··· 92
5.3 讲产品——从价值主张到技术能力 ··· 94
   5.3.1 价值主张 ··· 95
   5.3.2 产品介绍 ··· 96
   5.3.3 竞品分析 ··· 98
   5.3.4 销售指导书 ··· 98
   5.3.5 销售一指禅 ··· 102
   5.3.6 产品规格（功能）说明 ··· 103
   5.3.7 产品/技术白皮书 ··· 105
5.4 讲客户的故事——解决方案和客户案例的写作 ····················· 109
   5.4.1 客户案例——最有实效和价值的内容 ··················· 110
   5.4.2 客户故事——客户案例的变体 ······························· 121
   5.4.3 解决方案的写作 ··· 126
5.5 整体的写作原则 ··· 136
   5.5.1 正确可用 ··· 137
   5.5.2 简洁明了 ··· 137
   5.5.3 可预测 ··· 140
   5.5.4 避免"死线抽象" ··· 141

    5.5.5　米勒法则 ··· 141
    5.5.6　术语与缩略语 ·· 142
    5.5.7　尊重风俗和习惯 ··· 143

第6章　内容管理

  6.1　内容管理概述 ·· 146
    6.1.1　标准（Standard） ··· 146
    6.1.2　绩效（Performance） ······································ 146
    6.1.3　存取（Storage） ··· 147
    6.1.4　流程（Workflow） ·· 148
    6.1.5　渠道（Channel） ·· 148
  6.2　内容模块的复用 ·· 149
    6.2.1　完全复用 ··· 150
    6.2.2　部分复用 ··· 150
    6.2.3　结构复用 ··· 150
    6.2.4　最小模块复用 ··· 150
  6.3　内容社区的建设 ·· 152
    6.3.1　社区内传播 ·· 153
    6.3.2　社区外传播 ·· 153
    6.3.3　做社区必备条件 ·· 154
  6.4　渠道建设——常见的技术内容渠道 ································ 155
    6.4.1　纸媒 ··· 155
    6.4.2　官网 ··· 156
    6.4.3　微信公众号 ·· 157
    6.4.4　用户产生的内容 ·· 158
    6.4.5　视频平台 ··· 159

后记 ··· 161

第1章

ToB产品需要的内容

　　ToB（To Business，针对的是企业级用户）企业和ToC（To Customer，针对的是个人用户）企业的产品和服务，对内容的需求是不一致的，ToB企业的内容要更庞杂。那么导致ToB企业内容量大的原因是什么？本章将帮读者解答这个问题。

1.1　内容与内容运营

"内容"这个词的含义近年来不断变化。随着短视频、直播的兴起，新技术和工具带来了内容形式的变化，对内容管理的实践，也随人们的认知不断发展和变化。以前的咖啡馆，顾客总是三三两两，以群体的方式坐在各个座位上，要不谈生意，要不聊八卦。而现在咖啡馆里的"低头族"，即使一个人，只要有一个充满电的手机，也能独自一坐一下午。当用户对观看各种电商直播欲罢不能而疯狂买单时，当购买了宣称学会就能保证找到工作而价格低到只有9.9元的编程语言网课时，这些行为之所以能够发生其实都是内容的魅力。

1.1.1　什么是内容

内容是获得客户的第一步。无论您的产品是何种形态，用户对它的初始认知都是建立在内容的基础上。

内容重要到其本身就可以是一个能够带来巨大经济利益的产品，也可以只是一个产品广告、品牌推广，或者是产品的使用手册。即便内容的意义、功效以及类型一直在扩展，但对一个企业来说唯一不变的是——内容一直占据着关键地位。市面上和内容相关的工作机会非常多，任职要求也可以用五花八门来形容，因为不论是一个医疗器械，一个安防设备，一个复杂的云计算平台，还是一个教育机构或旅行社提供的服务，都需要用内容来传播价值，让用户根据有效的信息来决策。内容可以是图片、文字、动画、视频和直播等形式，也可以是用来劝说用户购买、帮助用户完成任务的版块，还可以是提供娱乐、教育和福利，从而增加用户黏度的社交中介平台。内容平台自不必说，企业的内容不仅可以由企业本身产生，也可以由用户产生。

对于一个大型的ToB企业而言，内容就像是一个企业的血液，通过内容进行外部和内部的连接与沟通，企业里的内容也是多种多样、无处不在的，比如纸质文件、ERP系统数据、人员信息，甚至是邮件、内部消息等。本书不讨论所有内容，而是将讨论的范围锁定在产生"关键业务价值"的内容上，也就是那些和产品、服务紧密相关的内容，比如品牌建设的内容、产品内容、市场内容、技术内容、用户生产的内容和社交媒介内容等。研究"关键业务价值"的功效，到底协助了购买决策、售前支持、客户关系和售后服务中的哪些方面，以及研究内容的生产和消费流程、触点、周期等关键环节。只要能够服务于一个持久且可持续的商业关系，就是关键的内容。这类内容就是产品和用户之间的催化剂。即使产品会过时，但优质的内容却不一定会过时，它们往往具有很强的生命力。

广义的内容可以包含世间万物，而本书所探讨的"内容"与客户、产品和行业都相关，仅指在 ToB 企业中，围绕企业提供的产品和服务相关的一切信息。这些信息可以是纸质的材料、网页上呈现的文字、电子书以及多媒体音视频等形态。

当前，人们能够看到大多数企业的内容都不少。其实，如果内容很多但没有形成合力，就会造成前后矛盾，从而影响用户心智，最终会失信于用户。好的内容能够让企业高效地传递信息和情感，给客户带来有价值的干货，比如那些新奇的认知，有感触的故事以及福利和优惠等，从而让该企业迅速得到客户的青睐，其本质是解决客户的焦虑问题，从而最终达到所需的商业目的，因此做好内容的运营至关重要。

1.1.2 内容运营概述

"内容运营"这个词是国内互联网兴起后的一个"发明"，ToC 的企业对于它的解释更多元，也花样繁多，以 B 端角度来看，笔者更喜欢它的英文表述 Content Marketing，就是通过内容的传播来做产品的市场营销。

内容运营，既是一种运营手段，也是一种职能分工。其职责包括：内容的采集与创作、内容的管理与呈现、内容的传播与扩散以及内容的定位评估等。内容运营需要将各种内容渠道进行整合，使各种渠道成为流量入口，如网易新闻和今日头条等平台提供的就是综合类内容。**内容运营的关键作用在于建立链接，让用户通过特定途径了解产品和使用产品**，同时也向用户输出产品特定的价值观，从而吸引目标用户使用产品。

ToB产品的内容运营的主要工作目标有如下4个。

1）塑造品牌，提供内容给用户消费。
2）链接与产品价值观一致的用户，传递产品价值，从而促进转化。
3）整合内容的生产和发布渠道，让整个传播过程变得更加高效。
4）创造场景、转化和体验，从而留住客户。

1.1.3 内容运营的重要性

目前，由于ToC产品在互联网上的兴起，导致ToC的内容从业者众多，相关研究也十分深入，市面上关于内容运营的书，基本都是聚集在ToC产品的领域，这类书籍内容偏向文案的写作、引流、SEO转化，仅适用于ToC产品。对于ToB产品来说，产品价格昂贵，使用复杂，用户的决策链条非常长，需要的信息量大，很难通过一个广告，一句文案就能让潜在客户下单，而是要用一整套的内容矩阵，在各个客户的触点发挥作用。一旦其中某一个环节缺失或出错，就可能造成客户的负面反馈、较差的体验，甚至订单流失。

内容运营的规则会随着世界的变化而不断变化，这也要求内容运营的从业者有能力在危险中洞见机遇，在变化中找到痛点，并迅速做出调整，充分利用数字媒体渠道做好内容的发布与管理。

首先，内容和渠道是不可分割的，一切流量入口都需要内容。互联网引起的巨变，改变了内容传播的媒介，导致渠道一直在变化，从公交、地铁，到写字楼的电梯、高端商场卫生间的镜子等，几乎覆盖了生活中的各个地方。同时，如今用各种手段（如拍视频）讲故事的能力也变得越来越重要。这就要求人们"拥抱"抖音等新流量平台并做好内容，让内容自带吸引力。特别是在企业预算收紧等不利情况下，更要学会如何用小成本带来大收益，这也是内容运营工作的重点。

其次，俗话说"天下大势，分久必合，合久必分"，近些年，大型的平台和小型的垂直化社区轮番上场，垂直化社区的黏性更强，也就变得越来越重要了，因此垂直化的社区建设也越来越重要，人们更要做好社区的管理工作。

最后，场景化的体验式内容更关系到能不能让用户通过内容直接体验企业的产品，从而将场景和流量绑定，将体验和转化绑定。但是，有了转化并不意味着结束，良好的产品体验会促进二次转化。

1.2 ToB 产品的内容需求

很多从业者可能会问：ToB 的内容运营要做什么？是不是也像 ToC 内容运营那样想创意、定场景、写脚本和投流量？可以想象一个 ToB 的企业采购情形。采购人员在企业内部要先开会立项、找到利益相关人和供货商，然后进行招标投标，必要的话还要考察企业、邀标进行展示宣讲、打分评分、交付部署以及售后服务，每一步马拉松式的谈判和斡旋都会受很多因素的影响，而其中非常重要的一部分就是内容。因此对于 ToB 的企业来说，内容运营远远不止于以上工作，内容的消费链路和用户旅程（用户旅程的具体内容将在 1.4.1 节进行详细讲解）将紧紧连接在一起，而多元的内容消费场景、复杂的产品功能以及漫长的决策流程，都要求人们对内容从更高的格局进行整体规划和运营。将内容放在用户旅程中，真正让内容去填补客户认知的空白，将内容放在一个个不同的"点位"，从而助力产品的成功。比如要开发设计一个电动工具，需要考虑产品主要用户群是谁，这个工具要解决的问题是什么，在什么情况下需要使用它。总体来说，要清楚某一个产品在使用的过程中，针对不同角色的使用者分别需要提供什么样的内容，这就对内容工作提出了更高的要求。

企业所处的行业不同，内容的需求就不一样，每个企业的内容工作，都一定要看到行业的领域、产品的定位、目标客户的需求、企业和组织的整体情况等方面，脱离了产品与服务的领域去谈内容的重要性，就像脱离了语境来谈语义，很可能会得到错误的结论。

1.2.1 产品的介入度

如果用给 ToC 产品做内容的思路去做 ToB 产品的内容，结果往往是南辕北辙，达不到理想的效果。如何为 ToB 产品生产正确的内容，并让它们在合适的时间，触达正确的消费者，是摆在很多 ToB 产品经理面前的重要课题。而要做好内容，就不得不从"用户介入度"这个词说起。

介入度这个词是消费者行为学研究领域的一个术语。介入是指"一个人基于内在需求、价值观、兴趣等因素而感知的与客体的关联性"。在消费产品和服务的时候，这种关联性被测量，就是产品的介入度。介入度这个词，说到底还是从用户的角度出发的，但是我们可以从产品的角度对用户介入度高和低的产品进行划分。用户对产品的介入，与其对信息的搜索行为息息相关。用户对某些产品的购买是基于信息搜寻来产生决策，比如汽车、电子产品、软件或企业购买的其他产品等。用户对另外一些产品的购买是根据惯性，往往是很少甚至没有信息的搜索，比如蔬菜和服装。

这导致了不同的行业和产品对内容的依赖程度完全不一样，根据用户对产品的介入不同，他们对内容的需求也不同。介入度高的产品，整体内容的需求高；介入度低的产品，整体内容的需求很少。

1. 高介入度的产品特点

高介入度的产品特点如下所述。

1）**决策链条长**。面向商业客户的 ToB 产品通常都是高介入度的。B 端客户购买决策时间长，常常涉及集体决策，需要的信息支撑相应也多。企业购买一套软件系统时，对技术内容的需求是非常高的。很多软件的购买和使用的全程更是贯穿着内容，比如航空航天、汽车、重型机械、医药、医疗器械、电信及金融等行业。

2）**购买价格相对昂贵**。汽车、房产和保险等物品比较昂贵，对消费者来说不经常购买，购买决策是很重要的。

3）**使用风险高**。有些产品使用时复杂度高并有潜在风险，通过技术写作的手段来传递信息和解决问题无疑是必要和高效的。比如，一个医疗器械的信息错误，也许会导致一个人失去生命；一个家用电器的参数错误，很可能导致退货、客户投诉等严重问题；航空航天等行业更是要求飞行员、维护工程师等工作人员严格"按照手册操作"。

4）**可能会导致买家购买后的焦虑**。常常会出现消费者无法确定购买的时机是不是正确的等难以判断的情况。高介入度决策如果失败，则会对买方造成巨大的损失。

5）新的产品。涉及技术创新较多的产品，介入度会比较高。智能手机刚刚上市的时候，购买者一定会非常关注各种参数、性能和使用方法等，随着智能手机的普及，介入度会越来越低。

介入度反映了消费者对消费产品的个人重视程度或兴趣，风险高等因素也意味着不确定性的增加。著名学者查尔斯·伯杰曾指出，当不确定性增加的时候，信息搜索的行为也会增加。购买高介入度产品时，买家不会采取想买就买的策略，而是会花费大量时间来进行多方面的比较，考虑诸如产品特点、价格和售后保证等重要因素。

不但如此，消费者甚至在购买了高介入度产品后还常常由于不确定是否做出了正确的选择而感到后悔或焦虑。很多公司意识到了这个问题，这时候会提供大量的内容来明确地告诉用户不会让他们失望。许多耐用消费品的营销者，如大宗家电和汽车推销商就会寄一些资料给近期的购买者，以此来证实其购买的明智与正确。

2. 低介入度的产品特点

低介入度的产品特点如下所述。

1）产品市场通常是 ToC 的，如食品、服装等快消品。

2）使用风险低。

3）价格低廉，产品之间同质化程度高、差异小。

4）"老"产品。"老"产品不代表完全技术落后，甚至有些产品会融入尖端的科技，但是人们对其已经非常熟悉了，比如现今的智能手机。

这类低介入度的产品对于内容的要求是很少的，甚至可以没有，比如生活消费品类中吃的零食、蔬菜和饮料等。人们买一把塑料椅子、一件衣服，往往只关注价格，或者产品的外观等，可能看一眼，几秒钟就能做出是否购买的决定，而不需要太多信息支撑，使用时也不需要指导信息。

当然，无论产品的使用难度如何，技术是否高精尖，内容需求的决定因素还是消费者而不是产品，没有产品购买经验的消费者可能比更换产品的人需要更多内容支撑，第一次购买手机和更换手机的消费介入度也不会相同。当然也有例外，如婴儿产品，尽管也是与吃穿相关的，但父母对婴儿产品的挑选介入度是非常高的，婴儿的服装、成分、用料的信息，都是他们非常关注的信息。

当人们经常购买那些常用的产品，比如定期订牛奶或者每天早上买面包时，只要觉得想买就可以买。因为这时候不需要搜索信息，或者进行产品的比对来评估替代品。

介入度低的产品通常会让消费者产生冲动消费，可能一句广告、一个海报就能使其掏钱包。耐克公司的标语"Just do it（想做就做）"，也多少对消费者传递出一种"你别想那么多，买了吧"的消费观念。但是人们很少会对介入度高的产品产生消费冲动，为公司采购一套软件系统，不论对方如何说"Just do it"，采购方都不会随便购买。知名电商李佳琦在他的直播间只要喊一声"买它"，分秒之间，面膜、火锅底料和牛奶等商品便被抢购一空。而人们很少看到 ToB 产品有这么简单直接的售卖过程。这就是 ToB 产品需要更多内容的原因。

1.2.2　内容消费对象的多元化

传播学中有一种观点，认为不确定性会导致信息搜索行为的增加，内容的丰富性、权威性和数字上的契约感，能够在一定程度上消除用户的不确定性，从而帮助用户确立购买的决定。ToB 产品面向的企业用户，目标是提升企业效率、降低企业运作成本，帮助企业快速创新，给企业带来收益和价值，与面向个人用户，主要用于满足个人生活、工作和娱乐等多方面需求的 ToC 产品有非常大的区别。由于面向企业客户，整个采购的决策流程可能是极其漫长的，ToB 产品的营销力度再大，也几乎无法让企业客户做出冲动的购买决定，而因为决策流程的漫长，用户前期要进行足够的调研，整个过程中的沟通都需要各种内容来支撑。

在 ToB 企业复杂又冗长的决策链条中，利益相关者众多，内容要根据不同的用户角色做非常多的适配与调整。做企业的产品和服务，往往用户的个人色彩会被组织角色所压抑，决策者和终端用户不是同一个人，人力资源的系统采购，通常是人力团队提需求，IT 部门来组织，

CHO（Chief Human Resource Officer，首席人力资源官）和CEO（Chief Executive Officer，首席执行官）做最终决定，但由于需要和财务系统打通，也要征求财务系统主管的意见，总之相关者众多，每个人的诉求不一样，对内容的需求也就不一样，即使到了使用的层面，系统内也会分很多角色。

从事B端内容运营的人要不断地问自己一个问题——用户为什么会主动消费你的内容？B端内容的消费往往与如下动机相关。

1. 寻找解决方案

比如，当前企业的效率低下并且盈利空间小，那么负责解决该问题的人员需要考虑该企业是否要一条新的生产线，新生产线上的某套智能设备能给该企业带来什么样的价值；一个企业要选购一套IT系统，或者内部通信软件，那是要选腾讯云还是阿里云，是选钉钉还是企业微信，或者自行研制一套系统。这就产生了对内容的消费需求。

2. 技术选型

高层决定要引进一条先进的生产线，采购人员就要了解能够提供此类设备的厂家有哪些，各有什么优缺点。

3. 使用指导

技术人员需要学会这条生产线上各种智能设备的使用方法，否则无法完成相关工作，而且还要知道高效率、低成本的使用技巧和方法。

4. 职业发展

对某些产品知识进行深度学习，成为这个产品的经验丰富的使用者，对一个技术人员的职业发展有很大的好处。一个典型的和职业发展挂钩的内容就是可以获得证书的各类课程，比如，Oracle的OCP证书，Adobe的资格证书等认证课程。

5. 说服内部其他人

由于ToB产品的购买往往是集体决策，因此就要说服所有的重要利益相关人与自己共同进行决策。

读者看了这些方面的动机，就能清楚ToB的企业看似没打几个广告，却对内容的运营有如此高需求的原因了。

1.3 按照内容的功能进行分类

技术内容还是市场内容,是B端企业最大的颗粒度分类。如果只把内容分为两类,就可以这样分。这种分类实际上是通过内容的功能来区分的。

1.3.1 技术内容和市场内容的定义

与ToC的场景不同,在ToB的场景下,企业和组织产生的内容有很多,以最大颗粒度来看,可以把内容分为技术内容和市场内容两个部分。

1. 市场内容

市场内容的英文为Marketing Content,涉及意在"说服用户"购买和"树立品牌形象"等功能的宣传推广类的内容(市场类内容或称之为创意内容)。传统印象中的企业内容就全都是这部分内容,C端(即ToC)的企业也确实如此,有市场内容就够了。

2. 技术内容

技术内容这个词其实是"舶来品",英文是Technical Writing或者Technical Communication。Technical这个词不等于Technology,更不等于High-tech,而是表示实际的、有效的、原本的。技术内容涉及意在"提供详细产品技术说明""帮助用户完成任务"等说明指导类的信息。

要想更好地理解技术内容,下面将技术内容和市场内容来进行一个对比。比较难以理解的是技术内容,大家不要看到技术内容就觉得是高科技的内容,简单来说,读者可以把技术内容简单理解为提供干货信息、技术说明和操作指导类的内容。

1.3.2 技术内容和市场内容的区别

如前所述,技术内容和市场内容有着非常大的区别,具体区别如下所述。

1. 功能

功能是最根本的不同。市场内容通常用来树立品牌的形象、宣传产品的特点等，其最终目标是为了说服消费者来购买产品和服务（To Persuade）。而相比之下，技术内容通常是直接提供信息的"干货"，如参数说明、服务流程说明、提供产品及服务的使用指南等（To Inform and Instruct）。

2. 表达

市场内容更加"漂亮""高大上"，讲究创意，也更加灵活和抽象。而相比之下，技术写作通常是使用客观具体的表达，强调使用更加具体和平实的语言。写作风格是直接和实用的。重点在于精确和清晰而不是优雅和华丽的辞藻。技术作者只会在对理解有帮助的情况下才使用一些象征性的修辞手法。

3. 影响

技术写作要求作者严格按照一定的标准来写，许多大公司都会用风格指南、结构化模板和内容管理系统等来进行约束。技术作者通常对内容没有很大的影响力，仅仅是对实际情况进行客观描述，不需要有过多的自我的立场和想法。而相比之下，市场内容作者（Copywriter）的创意很重要，追求形式多变，会讲故事，能够引起共鸣。此外，相对于市场内容作者，技术作者需要对写作主题的了解更加深入。

4. 评价标准

市场内容最大的重点在于能否直击消费者的痛点、引起注意、产生共鸣，从而促进转化率。而相比之下，技术内容最重要的标准是：是否可用，在可用的基础上，再去考察其他诸如易读、易获取等优点。

5. 渠道

市场内容有时候会"广撒网"，有付费的渠道、自有渠道等。而相比之下，技术内容的发布渠道往往比市场内容要窄很多，通常是随着产品发布的纸质内容、电子内容，或者直接放在官网上。

6. 范围

市场类的内容虽然是经过对用户进行研究而得到的，但是读者的范围相对技术内容来说还是宽泛了很多，无论是不是产品和服务的使用者都可能会阅读。而相比之下，技术内容对用户有更严格的划分和人为的限制，由于不同的用户角色的任务完全不同，对技术内容的需求有着很具体的区别，比如开发工程师、安装工程师、终端用户和技术支持人员等。

7. 阶段

虽然没有严格的区分，但是总体来说，技术内容与市场内容在整个用户使用内容的阶段也略有不同。如果简单地把销售分为售前与售后这两个阶段，那么，普遍认为市场内容的产生、传递以及使用都在售前。而相比之下，技术内容售前售后虽然都有所涉及，但大部分面向售后。在实际的过程中，用户对内容的需求也是跳跃式的，因此也会出现在售前就需要技术内容的时候。

1.3.3 技术内容和市场内容的联系

技术内容和市场内容尽管有这么多的区别，但这两者之间也还是有非常多的联系和共性的，并不能简单对它们进行割裂。市场内容是技术内容的前提，如果不能培养好用户心智，不能让用户买账，技术内容可能毫无用武之地；技术内容是市场内容的证据，为市场内容提供了信任的理由（Reasons to believe），具体使用的技术是什么，性能参数怎么样，人们也常常能看到技术参数、操作步骤等出现在市场推广资料中。比如技术资料中说一台摄像机的像素是 1000 万的，那么在前面市场内容中说的"成像清晰"这个说法就得到了佐证；或者在"易操作"这个卖点的后面，放了一段操作视频来验证这一说法。

现在的网络购物给人们的生活提供了便利，大家甚至不需要跟销售人员或客服人员进行沟通，就能完成购买。消费者通过看参数、评价、用户论坛等方式，就可以下单了，在整个过程中，既有市场内容的作用，也有技术内容的作用。

技术内容自身很多时候也承担着一定程度的"说服"功效。近年来，在高科技领域，市场内容变得越来越专业，会使用更多的技术数据，通过对任务的指导等来提高转化率。而技术内容由于情感化设计等原因也越来越有了"说服""宣传""建立情感联系"等功能。另外一个联系是,在与客户关系的维持上,技术内容也起到了巨大的作用。任何内容的缺失或者不一致,互相矛盾,都会导致消费者对该产品和品牌失去信任,这时的内容要能够起到赢得消费者信任的作用。在销售前产生的技术信息,通常是产品介绍类的信息。客户购买时,需要对产品的性能以及详细的参数进行查阅。这部分内容的写作也至关重要。如京东和淘宝上的产品详情页面,除了外表和场景之外,通常对单个产品的规格进行查找是决定性的一步。比如,衣服的尺寸、冰箱的长宽高、耗电情况等。这部分的信息若是缺失,会影响客户的采购意愿,一般客户甚至会选择放弃,而忠实客户会对客服进行询问,这无疑会增加客户服务的成本。大部分情况下,潜在客户对技术内容会比对市场内容更加挑剔。

不知道读者是否有过看到某个企业的广告或者信息邮件就想"翻白眼"的不适感觉,或者阅读某个订阅通知时感觉特别累,从其中无法得到足够的信息,内容或是模棱两可,或是长篇大论,读都不想读。即便消费动机都是偏职业和理性的,也缺少消费冲动,试问谁还能在那么长的决策链条中始终保持消费冲动。但在现实中,绝对理性的决策并不存在。做出购买决策的客户,终归是由有血有肉的"人"组成的,只要是人就一定会有感性的偏好和喜好,有时候看似理性的决定,可能也是基于感性认识。因此,内容运营的相关从业者不能将思维局限于理性的产品和方案介绍。客户故事、上手实验等内容都必不可少,新奇认知、福利优惠、干货分享等方面要围绕产品本身的痛点去呈现。

在产品同质化严重、技术领先程度比较低、缺少差异化竞争优势的情况下,通过边缘路径可以左右购买行为。企业的内容规划,需要从用户决策的两种路径(中心路径和边缘路径)出发,让内容尽可能涵盖这两种路径的决策模式,将功能要素和情感要素结合起来。

> **提示** 中心路径发生在个体有能力而且有动机去认真听取和评价说服信息的时候,这时个体受主观判断的影响较大。边缘路径与中心路径相反。它发生在个体缺乏能力和动机去认真听取和评价说服信息的时候,这时个体仅受外在线索的影响。

当听到枯燥无味的论证时，人们的内心会本能产生怀疑和对抗，只有沉浸在充满情感和故事的内容中，才会放下个人的心智防备，情感受到触动。

从更高的层面看，在企业和组织这个领域，技术内容和市场内容的总体目标没有太大区别，都是为了销售产品、服务客户。尽管分工不同，技术内容和市场内容在本质上，都是企业和组织用来传递相关信息，从而完成服务用户、销售产品的目标的产物。在整个企业和组织来看，无论是什么类型的内容，都应该进行妥善的管理。

1.4　其他的分类维度

技术内容和市场内容除了按照最大颗粒度进行的简单分类之外，还需要其他维度的分类。

1.4.1　从与用户交流的不同阶段来看

为了分而治之，根据用户旅程的不同阶段，很多企业应该有意识地设计相关的内容，满足符合当下心智和场景的内容需求。用户从考虑购买，到购买和使用产品的过程，称为用户旅程。研究用户旅程能够为销售人员精准地提供信息，帮助他们灵活地转换沟通策略。用户旅程通常是市场部门研究用户的一种思路，要设计出真正有效的技术内容，在最开始就应该考虑用户与其产品交互的每一步，应该研究针对本公司的产品和服务，得出用户需要哪些内容；再把内容与用户的需求进行一一对应，从而形成一个体系。否则很容易陷入自我麻痹的境地，导致自我感动，客户却不买单的情况。

根据每个人的个性、购买习惯、文化背景等方面的不同，每个用户旅程都不尽相同。虽然产品和服务不同，提供产品和服务的渠道不同，但是用户旅程大体上都是从了解产品与服务，到有意向购买，购买后开始使用，再到使用后遇到问题需要解决或者使用后没有遇到问题，最终到用户乐意分享和推荐这样的一个过程。

用户旅程大致包括了解阶段、考虑阶段、转化阶段、忠诚阶段和拥护阶段这五个阶段，这里需要注意的是不同的产品与服务的领域中，用户旅程是不相同的。用户旅程通常用如图 1-1 所示的市场漏斗模型来展示。

只要是学过营销或市场的人，一定对市场漏斗这个词语非常熟悉，笔者接触这个词语是刚开始工作时在思科官网上的一篇文章 Rethinking the Marketing Funnel in a World of Social Media 中看到的，更早的出处并没有查到。

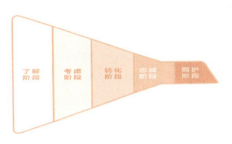

图 1-1　市场漏斗模型

用户旅程呈现漏斗状是因为在用户旅程中，潜在用户可能会了解产品后发现不符合自己的需求等诸多问题，就失去了兴趣，不会继续走下去。也有很多人会留下来进入下一个环节。无论什么样的原因，这个旅程都会呈现一个漏斗状。也就是说，有 10000 个人会去查询公司和产品的信息，最终有 5000 个人会考虑购买，而实际购买有 2000 人，其中有 500 个人成了忠实用户，在这 500 个人中，有 100 个人会成为产品或服务的粉丝。起初的这 10000 个人都是公司的潜在用户，任何公司都应该尽量争取更多的潜在用户变成粉丝。在这个过程中，内容起到了非常大的作用（当然内容包含市场内容和技术内容两个方面）。

在不同的阶段，用户的内容需求也不一样。下面以图 1-1 所示的市场漏斗为例进行相关阶段的需求说明。

1. 了解阶段

这个阶段的目标应该是对用户展示产品或服务，告诉用户当前的产品或服务能做什么，能带来什么价值，展示公司的实力和品牌，增加用户的好感和信任。这个阶段还没有用户，而只有潜在用户。这些人并不会去特意了解某个产品的价值，也不会去看特别详细的产品规格和服务细则说明。这个阶段需要的内容，通常都是比较概括性或宽泛的，不涉及具体的产品细节。

2. 考虑阶段

这个阶段的潜在用户已经开始考虑购买产品和服务了。他们希望更加了解相关企业或组织，希望知道当前的产品或者服务能否解决自己面临的问题。他们会有各种各样的内容需求，这时候就要针对他们的痛点，给他们提供具体的内容,这个内容就是一个针对用户问题的解决方案。

考虑阶段的潜在用户,可能会去查阅他们感兴趣的产品和服务的卖点以及细节信息,如具体的操作视频、用户评价和专家测评等。

3. 转化阶段

经历了前面对当前产品或服务的"调研"工作,终于到了决定购买的时间了,这个阶段主要是潜在用户转向用户的阶段。这时候提供的内容应该是帮助他们进行购买的内容。告诉用户如何购买,发布促销信息之外还要给他们一些"确认"信息,让他们更容易做出购买决定,比如产品案例展示和专家测评等,或者操作视频、试用版的产品等。给他们需要的产品细节,就会使决策过程变得更容易。

更深入的技术内容在这时更加有用,比如非常实用的指南、常见问题解答等将为潜在客户做出决定提供更多的助力。

4. 忠诚阶段

在忠诚阶段,潜在用户已经变成企业的真实用户,要提供操作使用的指导售后服务类内容。消费行为学研究也指出,提供产品的安装和使用说明对用户提升产品的满意度有非常大的帮助,否则很容易出现"购买后不和谐"等负面现象。影响用户转变成忠实用户,影响他对产品和服务的体验,甚至导致退货等情况。这样一来,用户当然也很可能不会再次进行购买了,甚至会对身边人施加影响,劝告亲戚和朋友也不要购买,那么前面付出的辛苦就白费了。这时,主要出现在售后的技术内容发挥的功效就更大了,可以通过内容时刻保持与用户的沟通,帮助他们如何从所购买的产品或服务中获得最佳效果。

5. 拥护阶段

到了这个阶段的用户已经非常喜欢该企业的产品和服务了,并且相信该企业的品牌,如果还需要类似的产品和服务,他们不需要再去做对比,而是直接购买。而且还会有人非常乐意将产品和服务推荐给其亲朋好友,如果有传播的渠道,会乐意分享个人使用的经历,给出有价值的反馈。

在这个阶段,企业还是要保持与用户的沟通,并鼓励用户生产内容。

比如小米手机的忠实用户，会去小米论坛上分享自己的使用心得、拍出更好照片的方法技巧、如何升级和故障处理的经验等知识。这类用户产生的内容，对潜在用户来说更加"真实可靠"，比企业和机构创建的内容更加令用户信任。尤其是这个阶段产生的"干货"，比单纯说这个产品多么好更有价值。很多企业会建立用户分享与反馈的机制，如用户论坛等，给予用户一定的激励，鼓励他们进行分享，展示他们的技巧和方法，让这些客户成为行业里最佳的实践代表，而他们也会因此得到其他用户的认可，获得一定的成就感。

通常市场部门都会对用户旅程有所研究，可以直接借鉴。如果没有，也可以试着采访一下产品的用户或者潜在购买者，问问他们是如何决定购买你们提供的某项产品和服务的。在这个过程中，内容有没有起到作用，起到了多大的作用。还可以问问公司的销售人员，他们通常对用户非常了解。要想了解用户一定要做一些实际的调查、取证工作。对于产品的技术内容来说，要考虑的是在整个用户旅程中你的角色和位置是什么，用户有很多内容的需求是市场类的内容无法满足的，比如，用户被广告或者推广信息所吸引，但是他们很难在简短的广告或 Newsletter（一种邮件营销的方式，企业把自己的产品、折扣、品牌等相关信息发送给订阅的客户，也就是常说的促销邮件）中看到产品的功能细节，不能知道一个产品的详细参数，这时候就需要技术内容来进行帮助了。

在实际的情况中，这些阶段长短不一，有些用户会直接跳过某个阶段，比如有些怕麻烦的用户听到亲友介绍某个产品好就直接购买了，也有用户只看价格。为了有一个全面的掌控，照顾到最多的需求，在设计旅程模型时通常都要设计出代表最全面的一个旅程。

此外，大部分的用户都会在阶段中来回跳跃，对内容的使用通常也不是按照时间顺序来的。很多潜在用户在了解和考虑阶段也会对使用阶段的内容有需求，他们会去查看产品的使用说明，会去用户论坛看用户分享的最佳实践，也会看保修的信息是怎么样的。有研究表明，这样的用户占了潜在用户总数的约 60%。还有的情况是，某些软件产品在前期会给用户提供试用的版本，这时用户就会需要与培训和使用相关的内容了。

1.4.2 从内容与产品的结合度来看

所有 ToB 产品的内容，一定是围绕着产品展开。不同的企业对自己的内容有不同的分类（当然，很多企业也没有做到这么精细），除了技术内容和市场内容之外，也有企业从不同的生产团队和产品的结合程度来分类，B 端产品的内容可以简单地分为如下 4 类。

1. 产品内容

不管是 ToB 还是 ToC 企业，产品内容可以说是最为核心的内容，与产品的设计、生产、销售和使用都紧密联系，这类内容相对产品来说都是"干货"，包括如何生产、怎么销售或怎么使用的相关信息，格式通常是：产品的介绍、Go-to-Market（上市）资料或使用说明等内容。而相比之下，ToB 企业的产品内容还包括用户界面的内容，比如操作提升或文本文案等，这类内容量非常大，但是通常讲究高效的信息传递，是一切其他内容的基础，也分为对内和对外两个层面。

比如一个医疗器械，从其开始研发立项，到上市，再到下市，最终到不再维护，进入生命周期的终点，这一过程中有非常多的内容。

2. 品牌内容

品牌内容顾名思义，是用来帮助产品塑造品牌心智的内容，比如广告、软文和品牌故事等。这类内容也非常有讲究，没有不行，多了也不行。

比如与客户合作的深度稿件，偶尔有一两个背书就够了，即使是 C 端产品，过多的广告也会让人反感，而 B 端品牌内容更是应该以产品干货为主，趣味性和硬广（直接介绍商品、服务内容的传统形式的广告）的内容为辅。

可以将 B 端品牌的内容与读者的技术成长需求以及职业生涯发展需求做出紧密的结合。

3. 活动内容

活动内容通常都是为了售卖而准备的直接促销信息或者参加活动的规则等。这类内容时效性短，需要有足够的曝光度，而内容则需要足够清晰明了和直接，因此通常都涉及图案的设计，比如，促销信息、618 和双十一的活动说明、线下技术论坛的组织方案，以及品牌峰会的说明等。这类内容需要在设计上下功夫，既能够夺眼球，又要快速地把时间、地点等关键信息表达清楚。

4. 互动内容

为了增强用户黏度，与用户进行深度技术交流，互动类的内容也是企业的一个普遍选择。互动内容也很好理解，就是输入和输出并行，比如说技术社区或技术问答等。平时大家看到的直播其实也可以归为一种互动内容。没有什么比互动内容更能够深深吸引用户的注意力，以及提升用户的参与感和归属感的了。比起软文、硬广，一些帮助信息和互动内容更能够给用户及时的肯定。

这几类内容在实际工作中可能没有那么严格的区分。比如对一个产品的介绍稍微加工一下，也可以拿去当成品牌推广的内容来打动用户的心智。一次活动的内容也包含了产品的相关信息。

总之，产品内容是一切的基础，而围绕着用户需求的内容才能真正打动他们。

1.5 ToB 内容的特点与挑战

在前文中已经总结了 ToB 产品的一系列特征，其内容也有独特的特点。下面就给读者讲解 ToB 内容的特点与挑战。

1.5.1　ToB 内容的特点

总体来说，由于冗长的决策链条、复杂的用户角色、高介入度的产品等方面的原因，ToB 的内容往往有如下特点。

1. 紧密贴合购买旅程

ToB 产品的购买流程相对于 ToC 产品的分钟级别的决策流程要长很多，通常都是几个月甚至是几年，因此，ToB 产品的内容需要渐进式的内容模块来和用户旅程进行融合，以便随时随地提供信息。

2. 写给多类型受众

由于多种角色都会参与 ToB 产品决策，这意味着内容要为不同的角色进行分别定制。

应该提升技术内容的认知和比重，把技术内容前置到售前的场景。相对于只需要市场内容的 ToC 内容，ToB 内容通常都需要很多说明和指导性的内容，与消费市场中充满感性和趣味的内容很不一样，这类内容通常是较为乏味的干货，有时还涉及高深的领域知识（如医疗设备、云计算等），让这些内容有竞争力并且可读，是一个巨大的挑战。

3. 权威性和教育意义有助于建立信任

由于通常涉及高深的领域知识，B 端的客户或用户对内容的需求更多地集中在权威的或者有教育意义的内容上，这需要内容的作者具备很多专业知识。只有特别内行的作者写出的内容才能让客户信服。

4. 平衡趣味性与实用性

虽然 ToB 内容应该更专业，但是由于用户和客户的角色不是同一个人，因此也不意味着全部都是艰涩难懂的信息内容，技术语言也要转换成市场语言，因此 ToB 内容应该追求平衡，找到有趣和干货之间的平衡。

5. 信息含量高

由于信息含量高，因此，要避免出现内容过多、杂乱并缺少统一组织和管理的情况。从内容生产的环节来看，内容对于领域知识的要求高，在生产的过程中需要联合创建。

6. 调研竞争对手

ToB 产品的购买者在做购买决定之前，会进行详细和密集的分析，采购的范围一定不会聚焦一家公司，而是货比三家。这就要求 ToB 内容管理者要做到"眼观六路、耳听八方"，充分了解竞争对手的内容，比如，他们是如何描述产品的特性和利益点的，只有如此，才能有效地展示自己产品的优势和独特之处。

1.5.2 ToB 内容的误区

人们对 ToB 内容最大的误区，就是简单地用 ToC 的方式去做内容，疯狂地花大价钱投广告，或者希望通过一个内容就能带来非常大的转化。这都是不切实际的想法，也是对 ToB 内容的巨大挑战。

ToB 内容的另一个大的误区，就是完全抛弃了 ToC 的思路。

尽管有很多区别，也要看到 ToB 和 ToC 内容具备如下共性。

1. 客户都喜欢文笔好的内容作品

有很多理论说 B 端的内容要简洁，要更加有参与性，这个标准对于 ToC 的内容同样适用。比如，一些典型的 ToB 用户，他们每天要阅读无数充满技术术语的技术文章、白皮书和电子书等，如果内容过于枯燥，就会失去兴趣难以继续阅读。如果 ToB 的内容能够写得引人入胜，影响力也会扩大。客户都喜欢阅读文笔好的作品，通常他们中的大多数人会认为 ToB 的内容是枯燥的，虽然很难让一份通信管理设备或者是新风系统的相关内容变得有趣，但是，仍然可以通过转换视角、打造 IP、用个人化的方式，以及试着讲真实存在的故事和案例等多种方式让 ToB 的内容变得有趣，这样的内容就一定可以像金子一样闪闪发光。

2. 用户都有学习需求

没有人在购买了房子、车子，甚至一部新的智能手机后，而不仔细阅读和学习与其相关的知识内容。无论是一套新的工作软件还是一台新的电视机，人们都希望通过各种方式验证自己所购买的东西是物超所值的。此外，要注意 C 端也有高介入度产品。

最近的一项研究发现，约 82% 的智能手机用户在店内购买前会先咨询手机的相关参数信息和使用技巧。一个产品是否具备客户所需要的功能，都是他们在消费前要了解的。B 端和 C 端的受众都希望自己做出的购买决定是明智的。因此，无论他们是消费者还是商业买家，产品的内容都应该给他们这些方面的购买信心。

3. 读者都是人

这个道理看似废话，但是常常被大家忽略。所有内容创建者的头脑中都普遍认为，ToB 产品的购买决策都是理性和群体性的，而 ToC 的决策是感性和个人化的。但是，绝对理性在现实中并不存在，即便是高客单价、多人决策的 B2B（也有写成 BTB，是 Business to Business 的缩写，指企业与企业之间通过专用网络或 Internet，进行数据信息的交换、传递，开展交易活动的商业模式）领域，最终做出购买决策的团队也是由有血有肉的

"人"组成的,而非冷冰冰的"机器"。在日常生活中他们也是普通消费者,也会有读书、看报、上网和看电视等行为。

只要是人的决定,就一定会掺杂感性,比如决定购买一个系统时,会不会因为被该系统所宣传的理念打动而购买不切实际的功能,会不会因为个人的使用习惯而影响购买决定,笔者认为答案是肯定的。

只生产理性的内容,对于 ToB 产品来说,是个绝对的误区,这个误区导致 ToB 的内容,一直都是产品、案例、行业方案……只是单方面地对客户输出,却从来没问过客户到底能不能听懂,是否爱听。最后,内容流于形式,造成了类似"你讲你的、他做他的"的窘境。

无论 ToB 还是 ToC,最终都是对人的营销,只要是人就一定会有感性的偏好和喜好。因此,在做内容规划时,不能再将思维局限于理性的产品和方案介绍。

无论内容是写给谁的,一定要记得受众作为一个职场或生活中的人的实际需求。因此,无论是 ToB 还是 ToC 的内容一定要做到:内容的阅读感受要好,聚焦干货且最好有教育意义,让大家觉得开卷有益,增强直接与客户对话感,以及对顾客的情感和需求有吸引。

因此,在很多 ToB 企业中,相关的内容普遍存在如下问题。

1)缺少整体和统一的内容策略,看重售卖类的内容,看轻认知和指导类的售后内容。

2)忽略内容对象,比如内部内容消费者、技术运维人员和财务人员等相关决策人。

3)只做理性内容,只讲数据不讲故事。

4)内容信息含量过多,缺少重复利用的价值。

5)内容生产的成本过高,内部协作不顺畅。

毫无疑问,要想高效和有效地把 ToB 的内容做好,是一个漫长而持久的战斗过程。

第 2 章

内容运营目标与策略

内容策略是一个整体性的方法和计划,任何事情的策略,都是回答如何做才能达到目标的方法和举措的组合。

2.1 内容运营的目标

所有的运营都应该有明确的目标,所有的内容也应该有明确的目标。没有目标就会东做西做还做不到点子上,到最后也说不清做得好还是坏。

2.1.1 四大目标

对于 ToC 产品来说,人们能够看到非常直观的变化,内容运营更加看重直接转化变现的能力。比如直播带货就是个非常典型的例子,各个广告主也会重点考量直播间直接转化的能力。在这种短时间快速转化的目标指导下,可能内容的完播率、停留时长等都是非常重要的指标。而 ToB 产品,在决策链条长的情况下,很难说哪一个内容是真正吸引客户购买的决定性因素,因此一个整体的内容策略和目标就显得非常重要。所有的内容都是为了卖产品,虽然 ToB 的内容很难直接带来大的订购量,但是仍然可以从注册用户、试用体验和商机数等信息上看出内容的力量。

内容运营的目标一言以蔽之,终究是售卖产品,又分为可量化和不可量化两种。

- 可量化的目标通常是理性的,如 PV、UV、用户的停留时间……如果是一个微博/微信公众号,则新增关注、阅读量(转发量)也可以作为指标。

- 不可量化的目标通常是感性的,对内容消费者的心智却有很深刻的影响。比如整个内容的界面外观(Look and Feel),内容调性是什么?呈现给用户的观感如何?用户会如何形容该内容?当用户回忆起该内容,会用一句话怎么描述?业界最典型的 ins 风(即 Instagram 上的图片风格),还有 Airbnb(Air Bed and Breakfast,爱彼迎)的内容风格,可以说这些清新、包容、友善的内容风格是其设计者们营造的核心体验,也是取得商业成功的重要手段。

不论是可量化的目标还是不可量化的感受,通常内容运营细化目标和衡量数字指标的设定,都是从用户旅程入手,从各个阶段分而治之。

目标一：助力内容的品牌影响力，关注品牌心智占领。

品牌心智占领，是内容运营的最早期目标，这时候的内容目标应该是要明确打造什么样的品牌心智，别人想到当前的品牌会有什么样的联想。比如，想到华为就会想到芭蕾脚（一则广告）、国家荣誉，想到小米就会想到极致的性价比，想到阿里云就会想到技术高精尖等。

因此，找到用户群体在哪里，之后对品牌的形象进行大规模宣传，让他们对品牌产生好奇和好感，从而产生进一步了解的兴趣，这一过程将变得非常重要。

目标二：打造产品的需求连接力，产品价值的传递和用户需求的连接。

ToB的内容通常是围绕产品进行的，那么应该明确产品的价值主张，一切内容都围绕这个价值主张来进行，比如阿里云数据库管理平台的主张是一站式全链路的数据管理，省时省力更安全，那么内容就要围绕这几个点去开展。这时人们可以看PV、UV以及内容的触达（如促销邮件的打开率）。如果看得更细，还可以观察平均访问时长、页面访问次数、上下游、链接点击次数和跳出率等指标。同时，不能只看自己的指标，还要看主要竞品的指标和行业的平均指标，这样能清晰地给个人一个数据基线，了解自己的水位。不过，通常这个阶段的指标，基本都被认作是虚荣指标。

产品价值传递的过程中最重要的是和用户的需求有所连接，产品一定是因为用户的需求而存在的，因此产品的价值就在于用户的需求。这时如果只有一个广告（如华为的芭蕾脚），价值就不是很大了，而是要有更加实际的利益点，比如能够降低成本、保护数据安全和提升业务合规性等。

这时候的内容属于购买旅程的售卖后期阶段，需要关注销售线索的产生，与整体的增长息息相关，可以关注如下数据：着陆页（Landing Page，也称落地页、引导页）、CTA（Call to Action，行为召唤或用户行为号召）的转化率、访客到线索的转化率、线索到成交的转化率、获客成本、客户活跃度和流失率等。

目标三：内容价值的创造，关注转化的促进。

内容运营的后续是销售转化。转化可不仅仅是指用户下单，其有很多维度。比如，粉丝转化、公域传播到私域传播的转化、圈层的转化和体验的转化等。比如，可以生产一些非常有价值的技术白皮书，通过一些下载链接让用户进行注册后下载阅读。通过系列型的内容让用户成为粉丝，通过体验式内容让用户更好地接触产品并产生购买等相关想法。有时，再加一点促销的内容，就更加给用户转化的动力，从而发生实际购买行为。但是在设定目标的时候，要非常清楚，什么样的内容对什么样的用户群体来说，才会有更好的转化促进作用。

目标四：学习赋能力，关注知识传递和用户黏度的维持。

当目标用户变成了实际用户，这时的内容就变成连接用户最有效的桥梁，从而希望用户对我们的内容有黏度，为我们背书和发声，使用这些内容进行自服务。最后，可以分析用户留存和内容消费的关联关系，并用数据来做一些对比。

拉新（即拉来新用户）的难度，一定大于老客户的留存和二次销售，于是内容运营在这个时候是否能够助力用户的留存，并让用户继续买单，就很关键了。通常，在不断推出新产品、新功能特性、新服务的同时，第一波需要触达的就是老客户，可以帮助老客户进行职业成长的培养，以及制定商业成功的计划等。

2.1.2 北极星指标

在做用户增长的时候总会出现一个很火的词——北极星指标，即获客。任何企业的市场增长，都需要一个北极星指标，对于当前的业务来说，要确定什么指标是最关键的，所有的增长动作都应该围绕这个指标来展开，持续地推动这个指标的变化。比如针对新品牌，内容的声量和产品影响力息息相关，那么第一年的指标可以是"内容量、主贴量"，因为内容的生命可以很长，而内容的多少非常重要。

有了清晰的指标，就有了方向和取舍，对于内容运营来说，也是如此，内容是根本，清晰的目标和策略是关键。内容在产品不同的销售阶段，能够带来的收益和衡量的标准非常不同。目标可以是阶段性的，但是如果没有清晰的目标，就很难达到想要的效果，浪费资源，甚至会给企业带来巨大的损失。

从另外一个侧面来看,北极星指标就是最重要的那个指标,这个指标让你知道取舍,如果资源有限,就知道要把主要精力放在什么地方。要想找到这个北极星指标并不是很容易的事情,因为有时候,人们常常会被很多虚荣指标所迷惑。比如用户触达这个指标和影响力的相关性其实很难证实,把一个信息发到10个有500人的微信群或钉钉群,并不能直接带来影响力的增长和转化。虽然这些数据都需要去衡量,但是不应该为了虚荣指标去疯狂追求,而是找到当下最关键的指标。

对于北极星指标的寻找,可以分阶段来看,比如在2.1.1节中说的4个目标就对应了内容发挥影响力的4个阶段,看看每个阶段做得够不够好,那么这个问题的答案可能就是北极星指标,也就是要解决的问题点。如果发现用户对品牌缺乏基本的认知,就要看品牌心智是否占领得足够,这时就要在影响力大的媒体广告和通稿上做好文章,用简单明了的广告语打造用户心智。比如,阿里云数据库——专业的云原生数据库服务专家,这样的形象,要打造出去。如果发现内容的转化特别差,就要看是缺少CTA还是需求的连接力不强。再比如,用户购后的Upsell(向上促销)和黏性变差,看看是否是对已有用户的影响力变弱,这时候技术社区的打造就显得非常重要了。小米就是通过米粉的社区不断增强用户黏性的,这种做法值得参考。

2.2 整体的内容策略

内容策略是一个整体性的方法和计划,任何事情的策略,都是回答如何做才能达到目标的方法和举措的组合。比如企业的策略,就是在企业战略目标的指引下,搞清楚企业要做什么才能达到这个目标。Kristina Halvorson对内容策略的解释是——内容策略是一系列关于有用的(Useful)、可用的(Usable)内容的创造、消费和管理的一系列计划。内容策略不仅仅能帮助人们知道哪些内容是需要的,还能让人们知道为什么需要这些内容。

有了目标，就像将军指挥战争时，告诉士兵们要攻下哪一座山头，占领哪些高地。而策略是要告诉士兵们围绕这个目标如何打仗。ToB 企业每天要面对很多内容，如果缺少了内容策略，整个内容运营的工作就会变得混乱，团队也不知道"仗"具体要怎么打，如何完成整个规划。当人们有如此多类型的内容，如此多渠道的传播，就需要有一个整体的内容策略。而内容策略需要回答的问题是为什么和怎么办的问题——为什么要创建内容，创建这些内容到底有什么帮助，你将如何创建和发布这些内容。

内容策略（内容营销策略）一旦确定，对整体的内容营销的结果就有了确认，也不那么容易被否认了。使用各种社交媒体渠道和营销技巧都变得更有效果。

内容策略理应从始至终去坚持，最大的目标和策略是不建议调整的，因为这两个一调整或巨变，意味着所有的一切都要变，前面的工作全是无用功了。但这不意味着一成不变，总是有一些事件或外部的促因对内容有很大的刺激，甚至，在内容策略中，有些方面不但要变化，还要定期变化和刷新，这些都会对内容的整体有很大的好处，比如渠道策略、主题和团队在全年目标的位置等。

人们不只是需要一个内容策略，还得把它们写在纸面上，在全团队的范围进行共享，从而做到整体规划并能够在组织内部进行拉通（也就是跨部门协作），哪怕有些同事并不直接接触内容策略，和整个流程的关联都不大。尤其是在较大的组织中，要达成共识并做到信息同步并非易事，每个人都能获取内容策略相关的信息，对于减少重复劳动，确保目标一致是十分有利的。对于那些原本就是生产内容强烈依赖的主题专家，他们的理解和支持更加至关重要。

2.3　内容运营策略需要考虑的元素

一个好的内容策略，需要考虑如图 2-1 所示的 5 个元素，分别是：公司整体策略和产品的基本信息（两个基础），以及内容的人（客户）、内容的生产和质量保证（货）、内容的渠道（场）。

图 2-1　内容策略元素

1. 根据公司的整体策略找到内容的关注点

查找公司的业务目标，要思考如何做内容才能达成业务目标，如何能够得到客户的关注。还要了解业务模式和品牌，以及产品满足了用户哪些需求。只有策略和业务目标的契合度高，才能得到老板和各个团队的支持。同时，还要明白其他团队可以通过什么方式，在何种程度上影响自己的结果。

2. 了解你的产品情况

从另一个角度，在企业与组织的实践中内容的结构设计从来就不是天马行空的，技术写作是因为有了产品和服务而存在的，是贯穿产品的整个生命周期并随产品发布的。有些人会凭着想象力来写一本小说，但是没有人会凭着想象力写一个服务流程、用户手册，或者维修说明。笔者曾在很多公开场合表示过，脱离了产品和服务谈内容运营就是无稽之谈。企业有自己的定位和商业目标，每个人都应该通过这个商业目标来看待自己的价值，可以说如果你的价值没有为企业的商业目标服务，对这个企业就是没有价值的。

3. 了解你的用户

需要了解你的潜在客户在与你的品牌互动时的想法、感受和行动。营销团队要问的问题是：谁是我们的潜在客户，我们将如何为他们服务？

通过收集和分析客户数据可以定义客户并分析客户体验。找到用户角色和他们的购买旅程，摸清每个接触点和客户的心态。

4. 创建高质量内容

内容策略还需要关心"如何确保创建客户想要和需要的高质量内容"。我们需要知道的是：如何创建高质量的内容，谁来做，这些内容是什么？

因此，需要一个消息传递系统和整体的内容生产治理规则。比如，如何对内容进行审计来确定已有的内容，以及如何利用它来开发真正的公司资产。如果有必要，还可以制作一个可视化的内容生态系统。此外，如何进行写作、审校、发布和审批，这些都需要有明确的指导。

5. 关注发布渠道

我们要清楚，内容最终要去向哪里，如何触达相关的人群，对渠道的选择有什么标准、流程和目标。也就是说，再好的内容，"躺"在计算机中也是毫无意义的。为了让内容产生最大的影响，需要决定如何整合内容发布的渠道，让内容易于查找和共享，也需要思考"潜在客户和客户如何找到我们的内容？"。应该充分利用付费渠道、共享渠道以及拥有的媒体等尽可能多类型的媒体，来确保品牌"声音"有更多的途径能被听到。此外，借谁之口发声也很重要，找对合适的 KOL（Key Opinion Leader，关键意见领袖）才能影响正确的受众。比如 ToB 的内容，找薇娅和李佳琦等头部电商也许就不是那么合适了。

2.4 内容策略与内容管理

在 ToB 的大型企业中，由于每天产生大量的内容，除了有的放矢外，提升效率和降低成本也是非常重要的工作，因此内容策略中还必须包括内容管理的方法与范畴。内容管理并不是一个全新的概念，顾名思义，是对内容的管理。以往，人们将内容锁定在某一种格式中，比如锁定在一个 Word 文档或 PDF 文档中，再进行存档，这样属于对文档的管理，人们日常管理的颗粒度就是文档这个层级，至于文档中每个内容的模块有什么样的属性，大多数人并不清楚。而内容管理的颗粒度比文档管理更细，内容管理的实践中，管理者管理的是一个又一个的内容模块，还有每个内容元素，这些模块和元素不受格式的约束，更加灵活可控。

内容的管理过程和任何管理的过程都是一样的，就是通过内容完成商业目标的过程。在将内容结构化之后，必须妥善管控，才能使其功效发挥最大化。

很多人提到内容管理就会想到市场类的内容或网站的内容管理，想到内容管理系统就会认为内容管理是和工具相关的，或者说认为有了工具才能对内容进行管理。但实际上，不仅市场内容需要进行管理，技术内容由于其天生的高复用性，通常是长篇、结构化的内容，更适合也值得好好管理。

BobBoiko 在他的 *Content Management Bible* 里面指出，内容管理不仅仅是工具，更多的是涉及人的因素。他认为，一个有效的内容管理是一套可重复的方法论，用来在前期识别所有内容需求，创建持续的结构化的内容以供复用，在明确的源中管理该复用的内容，并根据不同的情况来组合内容从而满足相应用户的需求。将这个定义结合实际的情况进行展开，就不难发现管理内容的思路有如下几个方面。

- 内容的管理指的是内容模块的管理，就是我们的内容模块要放在哪里，如何使用和复用。就像管理团队时要考核团队中每个成员的绩效。
- 管理内容也是如此，要考虑如何提高内容的绩效。
- 设计内容的结构重点在于应该设计出有什么，而内容管理的重点在于内容怎么使用、怎么复用，才能发挥其最大的效能。

把内容当作千军万马，而人是指挥千军万马的将军，来管理内容的阵营、列队、更替和迭代，以及哪些是进攻型的，哪些是防御型的，哪些是重点培养的内容，哪些对用户来说是 Must Know（必须知道），哪些是 Good to Know（尽量知道）。这是不是很有趣？

读书笔记

第 3 章

设计内容的体系

设计有效的内容体系需要考虑很多因素,当人们把技术内容放到提供服务和产品的企业环境中时,设计内容的体系需要考虑多方面的因素。

3.1 如何设计有效的内容体系

通常来说,在设计内容体系的时候,需要考虑"用户需求、产品情况、竞争对手和内容管理的思路"四个方面,下面分别进行解析。

3.1.1 以用户为中心的写作

Arthur Plotnik 在他的著作 The Element of Editting 中指出,读者是作者永远的同盟,而读者就是内容的用户和消费者。内容要建立产品与用户之间进行沟通的桥梁,就更要对桥那端的用户体验进行重点研究。

用户体验贯穿整个产品的生命周期,而这整个生命周期中都需要有内容的支撑,若是用户在其购买旅程中由于了解的信息不够详细,或者因为错误的信息而放弃购买,或者由于市场内容和技术内容的信息不一致,售前信息和售后信息不一致,导致用户对产品失去了信任,他们就很难变成该品牌的拥护者,严重的情况下还会导致法律纠纷。

如果不是从用户的视角去提供内容,而是机械地对产品进行描述,仅仅罗列了产品的特性、细节和功能特点等方面的内容,用户就很有可能得不到真正有价值的帮助。对于用户来说,他真正关心的只有自己的目标,这个目标和产品的功能、需要做的任务都不相关,目标是结果,产品和服务的功能是手段,而任务是行动。对于用户来说,他未必只能采用你的产品实现他的目标(可以买其他替代的产品),你的产品和服务通常是一个选择,因此产品和服务能完成的目标与用户实际的目标契合度越高越好。

真正从用户角度思考,会让我们看到更高层面的东西,不会将眼光仅仅局限在写作本身。在用户旅程中对应的内容如表 3-1 所示。

表 3-1 在用户旅程的内容触点概要

用户旅程	了解阶段	考虑阶段	转化阶段	使用阶段	拥护阶段
用户的内容触点	广告; 展会; 客户拜访	官网产品详情; 客户案例; 邀请讲解; 解决方案	权威资质; 招投标书; 讲标	用户手册; 售后服务	论坛分享; 自媒体

（续）

用户旅程	了解阶段	考虑阶段	转化阶段	使用阶段	拥护阶段
技术内容类型	广告宣传类内容	产品详细参数信息；产品参数对比信息；产品演示；专题文章；技术白皮书	用户访谈；用户案例；专家分析测评；用户评价信息	产品安装、操作使用类信息；保修内容；产品升级信息	社交媒体的分享；UGC（User Generated Content，用户原创内容）技术论坛运营；测评与调查

1. 了解你的用户

前面提到了，读者是作者永远的同盟，而技术写作要在产品和用户之间建立沟通的桥梁，就更要对桥那端的用户体验进行重点研究了。成功的用户画像能够帮你找到用户在哪里，并帮助你用他们的语言与其进行沟通。

知晓到底是谁在购买你的产品和服务对于一个用户为中心的内容策略是非常有价值的。这就需要用户画像。用户画像包含如图3-1所示的四个维度。

图3-1 用户画像的四个维度

这四个维度又包含如下元素来帮助设计者定义最终的用户画像。

（1）用户基础信息

用户的基础信息涉及用户的行业、公司、职位、岗位和习惯等，这些是最基本且不可缺少的信息。

- 职位为副总裁的角色将更关注从你的解决方案中获得的经济价值，

而不太关心技术利益（这些是主管级角色所关心的）。

- 如果目标是建筑业或农业等行业的人物，可能需要在他们外出工作时在户外展示你的产品，以便更贴近实际的使用环境。

（2）网络习惯

网络习惯主要包括：用户使用哪些社交媒体平台以及他们经常使用哪些资源来跟上他们所在行业的步伐。了解了用户的网络习惯就可以用他们比较熟悉的方式来进行沟通了。当知道你的相关用户花在 LinkedIn（领英，某职场社交平台）上的时间比花在微博上的时间更多，就可以更明智地在他们常去的平台上制作其感兴趣的内容。

（3）关键词

自从有了互联网，SEM（Search Engine Marketing，搜索引擎营销）和 SEO（Search Engine Optimization，搜索引擎优化）就是很火热的话题。应该研究哪些关键词和短语会吸引用户的注意力，以及他们在寻找像你这样的解决方案时倾向于使用什么措辞。

利用搜索引擎优化营销策略将相关的关键字和短语融入内容中，将会使该内容更容易被相关人群发现。可以使用潜在客户通常使用的措辞和他们产生共鸣，这样能更好地与客户进行沟通。

（4）沟通偏好

了解你的买家喜欢如何搜索信息和进行沟通（包括与自己公司的其他人进行沟通），将有助于在销售周期的每一步与他们进行有效沟通，并可以提前规划他们的客户旅程。市场营销可以创建教育产品，如电子书和工作表，帮助潜在客户以他们喜欢的方式了解你的解决方案。客户体验团队可以为那些喜欢全自动化、数字化流程而不是电话等传统沟通方式的买家量身定制培训计划。

（5）目标

根据最初的研究、他们的职位、市场趋势以及他们在组织层次结构中所处的位置来确定买家的组织目标。在培养与客户服务经理角色相匹配的买家时，内容的制作重点应该放在正确的目标上：是留住客户还是引进新业务，是降本增效还是扩大企业规模。

(6) 态度

了解买家的典型态度、语调和情绪，可以帮助你在整个工作过程中更好地与他们建立关系，让他们感到被理解，并对你满足他们需求的能力更有信心。

(7) 挑战和困难

要了解他们实现自己的业务目标时有什么困难，是否有具体的痛点，这些痛点的原因是什么，并证明他们是需要我们的解决方案的。

如果当前有个解决方案是关于两个平台的整合，就可以去研究那些用了这两个平台的企业，看看他们是不是在平台整合方面遇到了挑战，从而找到商机。

(8) 不确定性

需要明确你的用户为什么犹豫，帮助你的团队了解他们的担忧。预测用户可能遇到的疑问，并及时甚至提前用内容传递相关的信息。

如果用户对变化和问题比较抵触，我们的内容就可以通过对比的方式，展示过去和现在的区别。

(9) 他们在购买流程中的角色

参考用户旅程（1.4.1 节）的相关知识内容，可以看清楚你的内容是写给谁的。这是用户画像非常细节的一部分，比如包含了用户典型一天具体行程内容的用户画像能够让其显得更加人格化和生动化，而不是一个抽象的符号。对于 ToB 的业务来讲，这部分的内容要侧重于用户的日常职责范围、工作习惯和行为等。一个生动的用户画像对于大家达成共识是非常有必要的。

(10) 阻碍

你的最终客户，即使是最终的决策者，也可能面临一些阻碍，在用户画像中还需要将明确用户在各个阶段购买产品或服务所遇到的阻碍。这个阻碍可能来自用户所在企业的其他部门（如法务、财务），也可能来自他的同僚甚至是顶头上司。应该尽量在第一次销售拜访就识别出哪个人具有购买决策的权力，以及他们购买时最大的诉求是什么，这样就会大大提升内容制作的效率。

2. 如何得到精准的用户画像

在上一个小节中，我们已经知道一个好的用户画像应该是包含用户各类详细信息的集合，包括他们的角色、目标以及动机。那么如何才能得到一个精准且对内容策略有意义的用户画像呢？

要评价一个用户画像精准与否，最具有挑战的在于和用户反复确认个人洞察后描述的情况是否和实际情况相符。另外一个巨大的挑战就是公司的人是否都认可并使用这个用户画像。

（1）理想的用户调查

在开始制定用户画像之前，为了确保用户画像是有效的，需要进行充分和详细的用户调查而不是靠自己瞎猜。定量分析和定性分析都需要做，要知道用户的实际行为和他们声称的个人行为之间可能有着极大的区别。数据不会骗人，如果数据和实际不符，就需要重新考虑。

（2）定量分析

定量分析是能够找到相关数据的最好的方式，该方法可以快速面向更多、更广的用户，因此定量分析可用于验证在定性用户研究时发现的问题和用户需求（用户需求的真伪），让你的定性分析更具有说服力，也可用于确定用户需求的重要性和优先级。我们可以借助一些数据分析工具来查阅当前的行业趋势，通过这些工具提供的第三方数据能够了解比较粗略和方向性的信息，也可以与一些商业分析团队进行合作，购买他们的商业报告。另外，还可以利用官网和控制台的一些埋点（埋点分析，是网站分析的一种常用的数据采集方法）做用户行为的分析。

比如，用户经常访问的功能和极少访问的功能，以及用户经常访问和极少访问的页面，这些都是需要重点关注的信息。

（3）定性分析：一对一访谈

定性分析中的一对一访谈，称得上是在研究客户和潜在客户的过程中最具有启发性的行为了。这个过程能够让你直接听到用户的声音，了解他们在购买过程中最关注的信息。因此，在销售人员拜访客户的时候，不妨跟随前往，或者自己直接与客户进行沟通与联系。访谈时，确保与用户对话的过程是放松且愉悦的，关注点一定要放在他们在购买和使用产品时的感受上,并且得到答案后也要追寻和思考答案背后的意义。同时,别忘了在访谈前,一定要熟记用户的年龄、职位和收入情况等信息(最好将这些信息整理在相关的表格中)。

根据上文中提到的用户画像包含的内容,需要提前准备好问题清单,至少要包含如下几个方面(当然,还需要加上具体的关于产品的问题,收集产品的建议)。

- 他们的职业目标和个人动机。
- 使用产品希望达到的目标是什么。
- 对于产品和公司,他们不喜欢哪些方面。
- 影响他们的购买决策的相关人都是谁,如果出了问题,谁会受到责备。
- 购买的动机是什么。
- 他们在哪些网站上消费内容,如果想查找公司的新产品会去哪里。
- 他们眼中我们最强劲的竞争对手是谁,他们是否体验过其他竞品,比我们的产品好在哪里。

如果实在没有机会接触真实客户,别忘了在内部资源中进行挖潜,比如销售人员和售前技术人员,他们"久经沙场",见过成千上万个客户,没人比他们更了解客户的需求和想法。当定义用户画像的时候,也一定不要忘记把设计的用户画像给与销售相关的同事进行检查。了解用户其实没有那么难,难的部分其实是如何与大部分人达成共识并跟踪变化,这就要求我们能够做到如下几点。

- **走出去,到真正的客户现场跟客户进行沟通**。客户的反馈是非常重要的,必须知道他们是如何想的,是如何看待你的公司的,如何使用你的产品的,从而不只是让内容变得更好,也要让产品变得更好。
- **查看内容消费情况**。对一个视频内容来说,最重要的就是有多少人打开了(标题够不够吸引),多少人看完了(内容够不够吸引),用户是从几分几秒开始关掉视频的。这些信息对我们的决策来说是至关重要的。
- **设身处地,做用户会做的事**。自己首先要成为这个内容的消费者,去消费这些内容然后感受一下如何做得更好,这个内容的目标是否能够实现。试着通过搜索自己设计的关键字后是否可以查到这些内容，这样才能确保这些关键字也是用户所关心的。

- 对内容所带来的用户体验好坏的判断，很大一部分是出于常识的。比如写作尽量简洁，这已经成了常识。再比如，标题的字体要大于正文的字体，这也是常识。通过用户访谈等方法和调查问卷等方式，才能更深地挖掘用户的需求，知道他们的习惯、喜好和需求。

总之，作者应该跳出内容本身来看待内容，从用户的角度，减轻用户学习一个任务需要的阅读量，尽量用读者能懂的内容，给不同的用户提供不同的定制化选择。通常在写作的时候，都聚焦在我们有什么，而不是用户要什么，很少考虑用户为什么要看这个，比如，当用户要一个客户案例或一份白皮书，要考虑他其实真正想要什么。并且不要忘记，要跟所有的相关负责人沟通你对客户的洞察，这样就更容易达成内部的一致性，内容的整个流程也更容易得到用户的支撑。

3.1.2 明确公司的产品和服务

产品的成本和收益都可能导致内容的创建管理和提供方式的不同，而这一点是最容易忽略的。产品的定位才是内容设计的方向。一个简单易用的产品定位，就像拿到手里的产品说明书，让用户一目了然。在商业目标的基础上，低成本、高价值的内容才有立足之地。

产品是什么？产品解决什么问题？产品的核心信息是什么？所有的内容建设都要围绕着这些方面来进行。没有哪个团队的资源是无限的，所有的工作都要计算 ROI（投资回报率），并且完全没有铺开的必要。比如，公司今年最重要的点是什么，一旦确定了就要围绕这一个点来做。另外，一定要避免一个误区，就是一直说产品有多好多新、技术有多深多难，这些都无法让客户或用户产生多大的兴趣，因为这些跟他没有任何相关性。

一个好的内容，一定是能够服务于业务成果的。市面上叫好不叫座，缺少行动召唤的内容比比皆是，最根本的原因就是缺少与公司战略的连接，也就不可能做出足够聚焦的好内容，导致业务目标无法得到清晰有效的衡量。

战略层面的能力可以理解为一种仰望星空的能力,即大局意识。缺少了大局意识,无论文笔多么好,内容多么有吸引力,都无法给业务带来助力和想要的结果。因此,做内容运营的时候,哪怕你的职位再低,也要看到自己的工作内容在整个公司大的版图中所处的位置在哪里。

一个企业的战略,对于其内部员工来说,一定不会是一个秘密,否则大家都不知道如何做、怎么做。战略解码就是指将企业为了实现战略和组织目标而必须打赢的仗进行清晰描述,并转化为实际行动的过程,通常这个工作都是在高管的层面进行规划。但是,之前也提到了,哪怕你只是一个支撑团队的小兵,也要清楚自己在这个团队里的位置。

从最大的那张版图中需要了解在企业的战略中,哪些是必须经历的战役,哪些是必须打赢的关键战役,哪些是优先级没那么高的,哪些是持久战,哪些是游击战。比如,企业今年的核心是做强客户体验,要拿下200亿元的营收,而这就是必须达到的目标。之后要看自己所在的部门,如何支撑这些目标的实现。如果上级分解下来的目标是10亿,那么就要看个人如何支撑这个10亿元的达成。内容要做到什么样,才能对这个目标的达成有所帮助。

3.1.3 参考榜样或竞争对手

大多数情况下,人们通常是去发现,而不是发明内容的结构。参考榜样或竞争对手能够帮助你研究他们的内容,并发现合理的结构。此外,在产品或用户体验的设计中有一种说法是,当用户习惯了一个领域的某种设计时,他们的使用行为会形成一个范式,或者说他们的"心智模型"被塑造了,这个范式或模型一旦形成,违反这个范式或模型的设计都会影响良好用户体验的形成。这就好比,在中国大陆地区,司机开车是坐在左边,到了欧洲则变成右边,大多数人都会不习惯。笔者家的热水器水槽中的热水是向左边扭开关,冷水是向右扭开关,而工作时的写字楼的卫生间中的水槽开关则刚好相反,我就经常会扭错导致烫到自己。这也是为什么当前的智能手机,设计都是相似的。除非有技术上的革新,否则在同一个技术层面上,设计过于不同,人们往往会觉得不好用,即所谓的"反人类"。

内容设计也是如此，参考同行业，甚至是不同行业但是市场类型相似的其他企业的内容结构，尤其是那些已经成功了的企业或者是国际化的大公司的做法，找到有代表性的同类内容，对比它们之间的差别，分析优势与劣势，会让自己的工作效率更高。也就是说，在好的点上超越，不好的点上改进。对内容的创作者来说，参考这些大厂家的范式能够帮你找到约定俗成的结构和范式，这些结构和范式早已得到广泛的应用和用户的接受。比如，产品介绍中都有产品的参数信息，那么你也应该把这部分包含进去，对于用户来说，符合这些范式的内容更容易阅读和查找，就像走一条熟悉的路一样让他们感到轻松和亲切。

就算已有成型的内容体系和标准化的结构，其他公司的优秀内容对其来说也是个非常好的查漏补缺的方式。因此，在设计时，一定要对同行业的企业进行研究和参考，取长补短。如果有行业的楷模，能够直接参照现成的内容体系，对你来说就更能够节省大量的工作时间了。其他公司有但是你却没有的那些技术内容，可能就是需要补充到内容体系之中的，或者是同样的技术内容但是表述结构差别过大，也是需要修改的。

如果可能的话，要听听终端用户对自己竞争对手的内容有什么评价，看看这些公司的内容是否能够吸引他们，是否能够满足用户的需求。到相关行业楷模或竞争对手的官网上去看看他们的内容，不过切记不要完全照搬这些内容，而是结合自己公司和品牌的实际情况有一定差异化地进行借鉴和参考。因为即便是同行业，产品的差异性也是存在的，用户群体也有一定的差别，所以就如某句歌词：别人说的话，随便听一听，自己做决定。

3.1.4　要有管理内容的思路

之所以说内容管理至关重要，是因为笔者看到过太多企业和组织内部的内容，不是太少，而是太多了。这种堆积如山的内部资料内容并没有得到有效应用或处置，很多内容用了一次就丢弃了，以至于没人知道这个内容被创作过，下次需要类似的内容时，还要重新写。

内容管理并不是个全新的概念，在很多市场类内容的团队中都有一定的实践。实际上，内容的管理过程和任何管理的过程都是相通的，就是通过内容完成商业目标的过程。在将内容结构化之后，必须进行妥善管控，才能使其功效最大化。

内容管理除了要完成对内容的整体梳理和计划之外，写好的内容也需要利用规划好的方案进行妥善存取。在这里，提出一个"元内容"的概念，元内容是指描述内容的内容。理论上，可以说文章的标题内容就是内容的元内容，而作者、创作时间和创作地点等都属于元内容。元内容就像一个个的标签，贴在装着内容的盒子上，这样人们就能非常方便地对其进行存取、替换和使用等操作。比如，《数据库行业白皮书》这个标题就是一个基础的元内容信息，也是管理它的第一步。如果再进一步，可以加上更多的元内容信息，《数据库行业白皮书 v. db20211102》就显示了它的版本号（时间信息）。还可以尽量多加元内容相关的信息，这样每次的内容梳理也会变得简单。通过时间信息的标签将内容做一个筛选，就可以只浏览近些年的内容决策而不必浏览几年前的内容决策了。

3.2 常见的 B 端产品体系结构

基于之前给出的内容体系设计的方法，在内容设计领域，你就是整个内容体系的"导演"，考虑产品、用户、竞品和管理等方面，把体系设计好。

设计整体的技术内容框架的时候需要注意如下几方面。

3.2.1 结合内容与用户

将内容与用户旅程和产品的属性进行紧密的结合，确保用户对内容的需求都有所响应（确认用户需要的内容类型，即"应该有什么"）。根据企业用户旅程中的认知鸿沟可以对内容体系进行建设。在用户旅程中，当然对技术内容和市场内容都是需要的，技术作者需要关注的是技术内容，如表 3-2 所示。

表 3-2　在用户旅程中对应的内容

用户旅程	了解阶段	考虑阶段	转化阶段	使用阶段	拥护阶段
用户的内容需求	帮助用户认识他的细节需求（最初，用户可能只有个大概的想法）； 帮助用户了解你的品牌和产品； 给用户解决现有问题的建议	了解产品和服务的价值； 得到详细的产品规格信息； 了解产品的易用性； 与竞争对手进行比较； 试用（可能的话）	知晓 ROI（Return on Investment，投资回报率）； 第三方认证信息； 了解其他客户的情况	得到产品的支持信息； 对操作和使用的学习方法； 对今后使用的保证信息	用户想去分享他的心得和经验； 用户需要得到反馈
内容类型	广告； 通稿； 活动演讲内容（如行业大会等）； 发布会主题内容	产品详细参数信息； 产品参数对比信息； 产品演示； 技术专题文章； 技术白皮书； 安全白皮书	用户故事； 用户专访； 用户案例； 专家分析测评； 用户评价信息	产品安装、操作使用类信息； 保修内容； 产品升级信息	社交媒体的分享； UGC（User Generated Content，用户原创内容）技术论坛运营； 测评与调查

3.2.2　产品本身

仔细考虑产品本身有什么样的功能或者能效。换句话说，我们是如何通过内容对产品进行包装和描述，以达到对用户的吸引、转化和留存的，如表 3-3 所示。

表 3-3　产品价值传递角度的内容体系

产品能力	影响内容
产品的核心价值定位	产品广告； 技术文章； 媒体稿
产品的功能	技术白皮书； 安全白皮书； 操作手册； 运维手册； …… 可根据实际功能调整

(续)

产品能力	影响内容
产品的性能	性能白皮书； 测试报告； 权威机构测评； …… 可根据实际功能调整
产品的售后服务	产品保修信息； 安装指南； 运维手册； 升级指南； 技术社区； …… 可根据实际功能调整

内容体系和类型的结构设计应该基于需求分析的结果。以"为什么"三个字开始，问自己为什么写这个内容，为什么要这样写，然后深入从用户实际需求和内容消费的场景，来明确用户对内容的需求。再基于此来确定文档的结构。除了用户和产品之外，再看看竞争对手有什么内容，自己有哪些渠道，哪些内容可以复用，就能得出一个比较基础和完整的内容体系。内容体系不是一成不变的，而是随着实际情况去定期调整，开始可以定一个基础，然后在这个基础和完整的内容体系的面上进行或拓展和丰富，或者收敛和聚焦，逐步做到稳定。

3.2.3 销售赋能类的内容

在做内容体系的时候，千万不要忘记一个至关重要的内容——销售赋能类的内容。由于销售情况复杂、决策持续时间长等原因，B2B 销售人员面临的挑战十分严峻。此外，信息时代，客户往往都会在接洽销售团队之前，就做足了功课，心中也有了相应的解决方案，再加上市场上其他意想不到的变化，需要销售人员对买家产生持续影响。销售人员的任务是说服客户方的采购委员会，这个委员会通常是集体而不是个人。因此，他们迫切需要得到支持和帮助，除了对销售进行赋能之外，还需要与销售工具相关的内容为他们持续提供"弹药"。

销售赋能和销售工具类内容，属于企业内部传递的内容，对于 B 端产品来说至关重要。除了技术难度导致的信息传递需求，也由于 ToB 的企业都是以大中型企业为主，研发和销售往往不在同一个团队，甚至地理上处于不同的区域，产品研发侧要如何将信息高效顺畅地传递到销售侧是一个巨大的挑战，也是非常值得投入的工作。

一般而言，销售赋能工作分为三个类别：内容、培训和辅导。在成熟的销售赋能实践中，任何一项服务都不是孤立存在的，而内容则贯穿所有环节。笔者调研得知，80% 以上的销售人员，认为培训虽然有一定的作用，但是作用并不大。此外，在接受培训后的一个月时间里，不少销售人员会忘记大部分的培训内容。辅导的效果很好，但是成本又相对较高，需要人跟人，提供随时随地的贴身服务。因此，通过内容运营让前线销售人员快速查到他们想要的内容，高效地获取自己想要的信息至关重要。并且这些信息要能够被集成，以便前线销售能够灵活运用，成为销售计算机中随时可取的打单（指在销售行业中拿下订单的意思）"弹药"。一个常见的场景是，内容团队编写了一份高层拜访 PPT，则销售团队需要掌握如何高效地使用这份 PPT，并且有时候还需要根据不同的情况来修改这个 PPT，而如果这份 PPT 无法让前线销售人员获得有价值的信息，或者稍做修改就不能再使用了，那么这个 PPT 就是失败的。

销售人员有时也会"功利"（其实工作场合的其他角色也是如此），如果你做的事情没有意义，就会很快被忽略。只有付出一定的努力才能获得他们的尊重，从而确保他们理解你所提供的价值。

销售赋能类的内容，通常包括销售赋能和销售工具两大类，如图 3-2 所示。

搭建好了基础的体系后，还要记得设计如下三个内容。

1）确认内容的负责方，减少内部的重复劳动（确保内容有人负责且只需要写一次）；研究现有的内容情况时梳理出来的责任方，发现有重复劳动的时候，可以沟通一下，减少不必要的人力浪费。

2）使后面的技术写作工作有指引和方向（提供规范化的内容定义和风格指南）；定义某一种内容类型（文档）是做什么的，为什么存在；在内部达成共识。比如,术语的定义,包括领导的职务、产品的名称写法等,都需要有明确的定义。

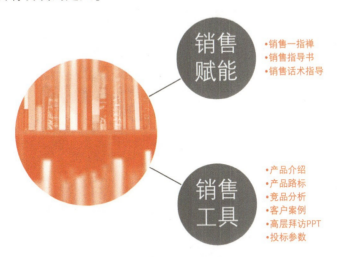

图 3-2 销售赋能类的内容

3)对文档的发布渠道进行考量。确定基于用户的使用场景,明白不同的内容该如何传递。

读书笔记

第 4 章

设计内容的结构

大家从小受到的教育中,写作文从来都是给一个命题,自己可以就着主题自由发挥,内容和形式都是自由的,尽量地抒发情感、个人观点等(笔者小的时候是如此,不知现在的学生们是否仍是如此)。针对产品的内容写作,则和写作文不太相同,需要针对内容设计相对合理的结构。

4.1 结构化写作让写作成为一个填空题

笔者高中在理科班,班上有很多理科学霸,他们大多品学兼优,唯一的弱项就是不太会写作文,一到抒发真情实感时就头疼,觉得"没什么可说的"。这其实就是一个写作的误区。在当前的教育体系中,写作不仅是艺术,也是一门技术。即使是表达情感,也可以是非常结构化的。要想理解什么是结构化写作,就要先清楚什么是结构。

4.1.1 什么是结构

关于结构,一般分为广义的结构和内容的结构,具体内容如下所述。

1. 广义的结构

结构,即结合与构造,指的是具体的物体和抽象的内容组成的元素,以及各个元素之间的关系,如图4-1所示。

图4-1 广义结构示意图

人们常常说某种物体是由什么什么组成的,这就是在说这个物体的结构。绝大部分人类创造的东西,都是有结构的。下面是一些常见的结构示例。

- 建筑物,按照材料来说,比较常见的有钢结构和木结构;按照外形来说,有高层结构、多层结构和单层结构等。通过对结构模块按照一定形式进行搭建,就会形成一个建筑整体。
- 一个公司或组织的人员架构,也是一种结构。根据职能的不同分成不同的结构模块,把一个公司联系成一个总体。
- 计算机存储数据也是有结构的,数据相互之间存在一种或多种特定关系的数据元素的集合。

- 人体也是有结构的,有头有脸,有手有脚。

因此,可以说结构是无处不在的。

结构化的过程就是将一堆杂乱的事物整理清楚的过程,这一过程能够帮助你清晰地确定是什么(定义),放在哪儿(分类和整理)的问题。

结构化能使得整个过程变得高效,比如,图 4-2 所示的煎饼摊,将不同的物品进行归类,这样划分的结构能够使得整个煎饼摊给人一种很整洁的感觉。通过一段时间的操作,熟练的师傅知道哪个位置放着什么,在摊煎饼的时候不需要过多思考就能找到自己想要的材料,整个制作过程会变得很高效。久而久之,结构会被内化,形成习惯,变得透明。同时,对于这个煎饼摊上有什么也应该是经过对煎饼购买者的研究而确定的,比如不能把葱和香菜放在一个容器中,因为也许有人不吃香菜。

图 4-2　一个结构化的煎饼摊

结构化让人类的世界变得清晰整洁,而分类是人类认识世界的一种方式。人类天生就懂得分类,当面临大量信息的时候,会自动开始分类。如果存在大量未分类信息放在一起的情况,会让人看到后觉得自己被淹没在一片混乱的信息中了。就像图 4-2 中的煎饼摊,如果没有对配料摆放方式的合理规划和标记,所有的材料混在一起,就会显得杂乱无章。杂乱无章这个词,本身也体现了非结构化的状态。

人类天性也喜欢整齐规范的结构,杂乱无章有时候会使人抓狂,如果一项工作杂乱会让参与者失去效率。比如,图 4-3 所示的布线会让人看到后抓狂；而图 4-4 所示的布线则会让哪怕有"强迫症"的人看到后也感到舒服。

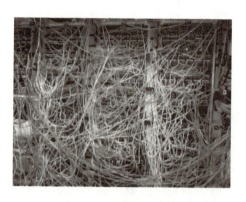

图 4-3　杂乱无章的布线

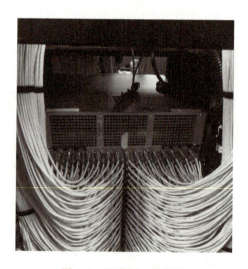

图 4-4　整齐划一的布线

2. 内容的结构

内容的结构就是指内容的模块在一个发布物（书籍著作、刊物杂志、公告公文以及具有信息发布功能的网站系统，它们是信息资料发布的载体，统称为发布物）中呈现的层级和顺序。无论是否有意识地组织了自己的内容结构，结构都摆在那里，这是个非常有意思的事情。只是有些内容的结构是严格的，有些结构没有那么严格，甚至有些内容对结构就没有要求，比如散文等形式。任何没有经过精心组织的结构可能都会显得松散混乱。

比如，一本书最基本的结构，有封面、正文和封底。封面和封底是只出现一次的结构模块，而有些结构是会重复出现的，比如章、节和正文等。

描述事实类的内容结构比较容易显现。下面来看一个天生具有良好结构的内容——菜谱，只要提到结构化写作，一定会使用菜谱这种天然的例子。

意大利面

1. 配料

烹饪意大利面所需的配料分为主料和辅料两部分。

（1）主料

烹饪意大利面所需的主料如下。

- 意大利面条（200g）
- 洋葱（120g）
- 西红柿（120g）
- 青椒（120g）

（2）辅料

烹饪意大利面所需的辅料如下。

- 色拉油（50g）
- 盐（20g）
- 酱油（2茶匙）
- 胡椒粉（10g）
- 大蒜（2瓣）
- 番茄酱（5茶匙）

2. 步骤

材料准备完毕，烹饪意大利面的具体操作步骤如下。

步骤1　备料

环节1 将意大利面煮熟，捞出晾干水分。

注意：

意大利面可以先浸泡20分钟，煮起来会更快，面的口感也会更好。

环节2 大蒜、洋葱、西红柿和青椒切成丁,放在一旁备用。
步骤2　炒制
环节3 热锅入油,倒入蒜丁进去爆香。
环节4 倒入洋葱、西红柿、青椒丁,翻炒1分钟。
环节5 倒入番茄酱。
环节6 倒入意大利面,小火炖3分钟。
环节7 倒入盐、酱油、胡椒粉,搅拌均匀。
步骤3　出锅装盘
环节8 关火,将烹饪完成的意大利面盛到盘子里。

把内容(类似于动物的肉)去掉,剩下的就是菜谱的结构(类似于动物的骨骼),如图4-5所示。

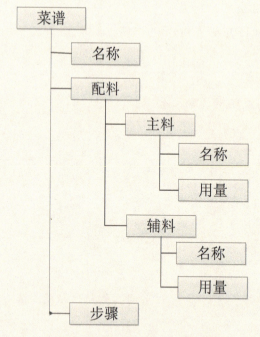

图4-5　一道菜谱的结构

在一本菜谱的书里,有无数道这样的菜,不同菜的做法和配料都是不一样的,但是这些菜谱的结构却没什么本质区别,如图4-6所示。

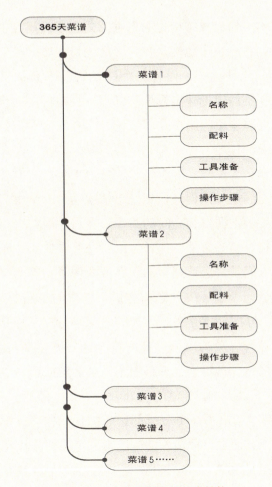

图4-6 一本菜谱图书的基本结构

当然,除了面前所列举的那些结构示例外,叙事也是有结构的,有时间、地点、人物和事件等叙事的基本元素。当然,叙事的结构更加灵活、宽松,具有文学性,但是有结构和结构化写作是不同的,结构化写作是刻意而为之,为了和本书提到的结构化写作进行区别,还是将叙事这种松散、灵活、富有创意的结构称为非结构化写作。在大部分情况下,职场写作都只使用结构化写作方法。

4.1.2 结构化思维方法

结构化的技术写作涉及结构化的思维方式与解决问题的方法,有了这些思维方法,我们才能快速地确认在一个结构里需要什么元素,并明确元素之间的关系。职业环境中,任何一个作者的天职都是写出有逻辑的内容,让读者能够在脑海中构建出概念和知识。在写作的时候,不仅是在处理文字,也是在处理逻辑。结构化的思维并不意味着对问题机械、简单地肢解,其本质是逻辑,目的在于对问题的思考更完整、更有条理。

虽然人们常常认为逻辑是一个常识,每个人都应该有逻辑思维,但是在真实世界中却充满逻辑错误。要想把事情说明白,能够说服别人,就需要站在理性的角度,把握事物之间的关联。在写作中符合逻辑对大多数人来说并不是一件很容易的事情,但是可以通过锻炼掌握这种思路。

在职场中,人们常常会看到结构化思维的例子,著名咨询公司麦肯锡的很多研究和分析问题、解决问题的方法、工作的思路等都是结构化的。结构化思维看上去其实并不是很难,但要时刻注意在工作和生活中,形成以结构化的方式进行思考的习惯。其内核就是归类整理和固化一些思路,找到最优的结构之后,再将这个思路固定下来,形成思考结构就可以作为一个工具来使用了。比如,SWOT 分析法、PDCA 原则、SMART 模型及 OGSM 模型等,都是给出了一个分析问题的固化结构,这样的结构由于考虑了一个问题的方方面面,而能够使问题得到全面的分析和解决。

结构化是从混乱到清晰的一个过程,也是从无序到有序的过程。比如,人们要去逛超市,需要买葡萄、辣椒、土豆、苹果、黄瓜、鸡胸肉、橘子和猪肉,如果将这些信息一股脑都告诉你,显然由于过于混乱则不好记,那么可以将这部分的内容通过分类使其结构化变成如下形式。

- 3 种蔬菜:辣椒、土豆、黄瓜。
- 3 种水果:葡萄、苹果、橘子。
- 2 种肉类:鸡胸肉、猪肉。

这样就会好记很多。

再比如,生活中大家记电话号码的时候,18954356783 这样 11 位数的长度会很难记，我们会下意识地将其进行分解，189 5435 6783，或者 1895 435 6783，这也是在进行结构化的拆分。结构化其实是人类认识世界的方式，能够帮助你进行理解和记忆。

结构化的很大一部分工作，就是分类。幸运的是，人类从小就开始自觉或不自觉对各种事物进行分类。分类是一种本能，比如，我们从小就知道哪些东西是可以吃的，哪些是不可以吃的。分类是我们认识世界的方式。

在技术写作中，结构化的思维能够帮助我们对内容进行分析，提供设计结构的思路。常见的有 MECE 分析法、5W2H 分析法、5W1H 分析法和二八原则等。

1. MECE 分析法

麦肯锡的第一位女咨询顾问 Barbara Minto（巴巴拉·明托）在 *The Minto Pyramid Principle*（金字塔原理）一书中提出了一个很重要的原则：MECE（Mutually Exclusive，Collectively Exhaustive，枚举分析法）分析法，中文意思是"相互独立、完全穷尽"。MECE 是指对于一个结构，能够做到不重叠、不遗漏，才能在整个的内容框架中包含所有用户需要的内容，并且精炼极简。这个分析法即是解决问题的一个思路，也是设计任何内容结构的一个指导原则。

MECE 能够帮助判断结构的合理性，在 *The Minto Pyramid Principle* 中，Barbara Minto 指出常见的逻辑关系有两大类，即时间结构和空间结构。常见时间结构关系有流程、逻辑关系和依赖关系等，常见空间结构有并列关系和包含关系等。找到结构之后要注意用一个分析法来判断其是否合理，这个原则就是 MECE 分析法。

尤其是针对自下而上的设计，当我们收集好大量的信息之后，将信息一条一条列出来，就可以使用 MECE 分析法进行归纳和总结。看看结构的各部分之间是否相互独立（Mutually Exclusive）、相互排斥、没有重叠。所有部分完全穷尽（Collectively Exhaustive），没有遗漏。

"相互独立"意味着内容模块的细分是在同一维度上并有明确区分、不重复，"完全穷尽"则意味着全面和没有遗漏。将 MECE 的思路运用到结构的设计中来就需要结构的设计者不断考虑：第一，内容是否全面；第二，内容类型之间是否有重复。

以上其实也是对自上而下和自下而上两种设计方法的实践，在实际操作中针对第二点，常常需要做的是合并同类项的工作。

2. 5W2H 分析法

5W2H 分析法用五个以 W 开头的英语单词（What + Why + When + Where + Who）和两个以 H 开头的英语单词或词组（How + How Much）进行设问，发现解决问题的线索，寻找发明思路，进行设计构思，从而搞出新的发明项目。它是个结构化的分析法，分析一个问题和明确一个任务的时候，将问题通过是什么、为什么、在哪里、什么时间、什么人及如何做等几个方面进行分析，如图 4-7 所示。5W2H 分析法又叫七问分析法，有的时候会根据具体情况拿掉 How Much 这个方面，变成 5W1H。当不知道如何对一个主题进行分析的时候，可以使用这个方法，有助于弥补考虑问题的疏漏。其同样适用于技术写作和内容策略的分析。

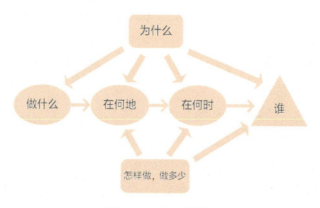

图 4-7　5W2H 分析法

分析一个内容的发布物或者内容模块该不该存在的时候也可以使用这个方法，如：这个内容为什么存在？它解决什么问题？谁会使用？用户什么时候会使用？如何获取？使用得频繁吗？这些问题如表 4-1 所示。

当认真分析了表 4-1 中的问题，就会很清楚地发现，哪些是必要的，哪些内容的创建是浪费时间，哪些内容的传递还不对，等等。

表 4-1 用 5W2H 来分析

5W2H	内容模块	产品	用户
What（是什么）	这个内容是什么	产品是什么	用户想要什么
Why（为什么）	为什么要这个内容	产品的目标	为什么想要
Where&When（何时何地）	使用内容的场景	使用产品的场景	用户所处的场景
Who（什么人）	谁来使用	谁来使用	谁来使用
How（如何做）	如何使用内容	如何使用产品	如何使用
How Much（成本和效益）	内容的成本和使用频率	产品的成本和使用频率	用户的使用频率

在设计内容模块的时候，不断使用这个方法，就能得出用户友好的内容。

3. 二八定律

二八定律又称为 80/20 定律、帕累托法则（定律）、关键少数法则、最省力的法则和不平衡原则等，广泛应用于社会学及企业管理领域。二八定律认为，在任何一组东西中，最重要的只占其中约 20% 的一小部分，其余约 80% 尽管是多数，却是次要的。

在内容设计的领域也是如此，作者应该把握核心内容优先的原则，有些内容的使用者非常多，并且有很多其他内容的发布平台会链接此内容。这些内容就是最重要的基础内容模块，并且是大部分的用户都需要的，对于基础内容模块应该用最大的精力来保证其正确性和延展性，因为其一旦变化就会引起其他的内容一起变化。在资源有限的情况下，要集中精力先满足这部分的内容创建与发布。

类似的分析方法还要很多，比如 SWOT（Strength，Weakness，Opportunity and Threat）分析法（态势分析法）、波特五力模型（Porter's Five Forces）等，所有的结构化的思路和方法，并不是一个"有你没我"的选择，而是交叉使用的，可以用 MECE 分析法，也可以用 5W2H 等分析法。总之，要做好结构的设计，没有结构化的思维是不行的。

4.1.3 什么是结构化写作

在前面讲结构化的时候提到，结构化的过程就是将一堆杂乱的事物整理清楚的过程，能很清晰地确定是什么（定义）、有什么（组织）、放在哪（分类和整理）的问题。

1. 结构化写作定义

结构化写作就是指对内容进行定义、组织、分类和整理的过程。结构化写作设计的本质是逻辑和常识，它是将零散的信息、数据、内容等用一种框架收拢起来，明确内容的元素，设计出一个个能够被用户理解的内容模块，再将这些内容模块有机整合在一起的过程。

结构化写作通常对内容的方方面面都有严格规定。比如，领导叫你写一份年终汇报，提出需要包含多少个方面，这就涉及结构化写作；大学里的教学计划，也要利用结构化写作。结构化写作的初级表现，可以理解为基于"模板"的写作（经过精心结构设计与定义的模板可以称为结构化模板，这类模板才能完成结构化写作任务，如果模板的设计感不强、元素散乱，就不能称为结构化模板）。

通常来说，人们对一大段文本根据其内容的不同含义进行切割分类，就是对内容结构化的一个过程，就像对家里一堆杂乱的衣物，将其归类、整理、收纳的过程。深层次地讲，结构化写作是将大量的内容进行模块化、语义化、关联化和标准化的过程，为一个标准化的内容创建方法论。表现为，内容的量越大，结构化就越有效。

2. 非结构化写作特点

传统的非结构化写作（也许称作为非结构化写作不够严谨，此处为了和结构化写作进行对比，暂且这么表述），亚里士多德（古希腊著名思想家）认为故事也是有结构的，如起因、经过和结局，但是整体来说，故事、小说等写作还是自由流动的叙述形式，比如标题后面就是段落和图片等内容。

(1) 信息含量过大，不利于剥离

这类不够结构化的写作常常会将基于不同目的和不同类型的内容包裹在一起，比如一个说明性的内容中可能包含所有相关概念性的步骤和其他参考信息，如果要在其他文档中重复使用，就必须先花费大量时间将不同的信息分离出来。比如，服务窗口的服务人员告知来办事的民众，每一步需要携带的材料，如果是到了办理这一步再通知，民众就需要跑腿多次。而如果将需要携带的材料都抽取出来，做一个表单给民众，就能达到只跑腿一次的目标了，这个表单就类似于结构。

(2) 强调阅读顺序，无法选择观看

非结构化的写作通常还预设了一个既定的阅读顺序，强调上下文的关联。比如，时间顺序或因果关系等，一件事的发生是由另一件事引起的，下一部分是依赖于上一部分的存在而发展的。由于上下文的依赖关系，要理解某一段文字的内容，可能要通读前面的文字，这时，阅读的顺序就很重要。对读者的阅读量和难度要求都更高一些。对作者的要求也更高，因为作者是在做一道问答题，很可能题目还很宽泛。这一类的内容，为了连贯性，就不能跳着读。有些教材也是类似的结构，编著的时候需要考虑学习者的接受顺序，采用循序渐进、由浅入深的学习过程。

3. 结构化写作与非结构化写作的区别

并不是说线性的、非结构化的写作是错的，这并不是对错的问题，也绝不是说结构化写作就不讲逻辑，而是对于不同的阅读目的，应该采取不同的写作策略。结构化写作和非结构化写作之间的区别如下。

(1) 对用户有深入研究

结构化写作的难度在于分类逻辑的合理性和整体的一致性，一旦一个内容产品（可以是文档或者是基于内容的网页信息）发布给用户，你的内容的分类对用户来说要有意义，应该让用户知道他们需要的内容在哪里。比如，一个家庭中，家里住的不是只有你一个人，家人们对家里应该有什么样的结构是有共识的，大家都必须清楚地知道，锅具都放在厨房水槽旁边的柜子里，而大衣挂在衣柜里，所有雨伞挂在门后。大家根本不需要每次都思考这些东西在哪里，也就是说，对于结构化写作的标准，作者与读者之间要有共识。

在结构化写作的背景下,技术作者必须根据一套既定的规则来写作,以这套规则来确定什么样的内容以何种顺序、何种形式添加到这个文档中去,这套整体的规则也就是内容的结构定义。

当结构具有一定被广泛接受的范式之后,结构本身就能够传递意义。比如,一个教堂,人们大老远看就知道那是教堂,因为其房屋结构有一定的范式。具有范式的结构还能帮助用户迅速了解结构。再比如,一个写字楼的结构和住宅楼的结构可能不一样,构建的模块和户型也都不一样。当人走进住宅就大概知道每套户型都有卫生间,而写字楼的卫生间可能就不是每套户型里都有了。

规划完的容器,有人会往里面放东西,有人会在里面取东西,大家都应该清楚什么地方有什么,什么东西会放在哪里。通过这样的方式交流,效率会大大提高。

没有结构的标准,技术作者需要做问答题,只能通过直觉写作,没有整体的规划,不但耗时,内容的易用性也差。

(2) 一种看待内容的方式

结构化写作看待内容的方式较传统的写作有了很大的变化,以结构化写作的思路去看,此时看到的不再是一个文档,而是文档中的各个模块;管理的层级也不再是管理文档,而是可更加细化管理的文档中的内容模块。要将内容进行结构化,技术作者首先需要将技术内容和技术文档的概念区分开。技术文档可以是组织中任何一种技术的文档类型,比如,操作手册、软件部署说明等。而结构化的内容应该是可以在不同的语境、文档类型和发布媒介中重复利用的更小的独立内容单元,有语义标记和元数据来表明它的潜在用途。比如,"产品参数"这个内容可以出现在用户手册、市场宣传册、销售资料和培训文档等多种类型的文档中。

作者通常不能也不需要改变内容的结构,结构化的写作环境会指导作者将特定的内容添加到特定的位置。技术作者可以将精力放在内容的写作上。整个写作过程,由于已经有了严格的结构标准,技术作者只需要做填空题即可,内容的结构定义会告诉作者年终报告就必须包含某几个方面,写作步骤就必须写成一步一步（Step by Step）的有序列表。就和对家里的柜子或抽屉的规划一样，规定了是药箱就放药品，是衣柜就放衣服。

（3）对象有所不同

结构化写作的对象是内容的结构模块而不再是整篇文档。然后将这些内容模块"组装"成一个个发布物，这些发布物通常都是文档。

结构化写作的对象是内容的模块，内容模块是由内容元素组成的，比如配料、主料、辅料、步骤和注意事项等。内容元素之间是有关联的，比如配料包括主料和辅料。步骤中可能会包含操作的注意事项等。关联基于逻辑和常识两个方面，就像眼睛应该在眉毛下面且在鼻子上面，否则就会看起来不正常。不符合逻辑和常识的内容结构会影响理解。

结构化写作的功力在写作之外。因为人们印象里传统意义上的写作（如非结构化写作），就是"码字"，是在计算机中打字的过程。通常非结构化写作的功力更在意对词语应用的水平，以及表意清晰的能力。但是对结构化写作来说，更大的精力应该花在对内容结构的设计上。

（4）能够助力高效的内容运营

技术内容并不将追求个性、创意与艺术感作为重点，而是追求简洁和高效，因此非常适合结构化写作。在实践中，结构化写作是指对技术内容模块进行合理的符合逻辑的分类和定义，并以特定的标准、规则、流程，针对内容模块进行写作的过程。使用这种方法，能够提高技术内容管理的整体效率，使内容的效能和价值得到更好发挥。

进行技术写作的时候，需要采用结构化的思维方式，根据用户的需求确定内容，再将内容进行组合或分解成多个互相关联的部分，并对各个部分进行定义，各部分有明确的层次结构。由于技术内容的特点，其内容结构可以划分得非常整齐。结构化写作在技术内容的领域中最著名的一个结构就是DITA（Darwin Information Typing Architecture，达尔文信息类型化体系结构）。利用现代科技手段，可以通过数据库对结构化的内容模块进行存储、查找、管理和维护。结构化的内容通常在对结构有强制要求的环境下进行创建，保证了同一个公司或者组织的同类型文档在结构、功能和写作风格上的一致性。

4. 结构化写作特点

对于企业面对的大量内容的情况，结构化写作的实践除了要定义结构，还要将结构进行标准化，形成范式，并关注内容的重复使用。比如，前面列举的菜谱合集的例子，这本书中每个菜谱都有一个内容模块叫作"工具准备"，那么如果其中某几个菜谱使用的工具完全一样，这个内容的模块就可以重复使用，不需要每次都重新编写。

总体来说，结构化写作的特点如下。

（1）满足用户（读者）需求

内容的创建通常是为了满足具体用户（读者）的需求，尽量覆盖他们所能想到的所有问题，因此，需要时刻记得从用户的角度出发。

（2）注重前期规划

功夫花在前期的结构规划，具体写作的过程是"填空"，这样会非常省力。

（3）相通的结构

结构化写作是基于标准化的写作，也就是同样的内容类型有同样的定义、目标和内部结构。

（4）写作约束

结构化写作给作者提供便利的同时，也有一定的写作约束。这种约束是指针对内容的创建、定义、结构和属性等任何方面的规则。比如，一个产品售卖指导说明书中必须包括价值主张，通过图片和技术规格证明产品的核心价值；一个步骤必须有编号；注意事项必须在操作步骤之前；列表项至少含有两个项；小节必须有标题和编号等。

4.1.4 结构化写作带来的阅读变化

结构化写作能够高效地创建和传递信息。从读者的角度来看，能够快速找到自己想要的信息，从创建者的角度来看，能够快速整理思路并找到写作的方向。结构化写作的结构和风格通常是"规定"和"一致"的，而不是出于创意。采用结构化写作的整体思路就是能够帮助确定正确的内容在正确的时间传递给正确的读者。结构良好的内容是非常宝贵的，每个内容模块都出现在应该出现的位置。

结构化写作解决的是内容的创建者和内容的用户双方的问题。一方面有了良好的结构规定，人们知道什么东西该放在哪里，比如家里的袜子放在哪个抽屉，一旦确定了，为收拾袜子的人和找袜子的人都提供了方便。结构化写作可以帮助作者在最短的时间写出简明扼要且思路清晰的内容，从而有效地改善思考问题和解决问题的思路，最终帮助用户用最短的时间找到和定位其所需要的内容。

1. 利用结构化写作方式优化简历

简历应该是能够高效传递信息的，如果你是一个公司负责招聘的人，现在收到很多份简历，其中下面这份简历的内容是没有进行结构化处理的。

示例：某求职者简历

我叫×××，今年25岁，出生在西北的一个历史悠久的城市——西安。英语专业硕士毕业，目前在××公司工作，一直从事技术写作工作。在工作中，我熟练掌握了范文写作、书面翻译和同期声翻译等相关技能。

这样的自我介绍虽然该有的信息都有了，但是对于别人来说，阅读效率却不高，读者需要二次加工才能抽取出关键信息。经过结构化处理，这部分信息可以改写为如下的形式。

- 姓名：×××
- 年龄：25岁
- 籍贯：陕西
- 专业：英语
- 工作单位：曾就职于××等公司
- 职位：×××
- 技术能力：范文写作、书面翻译和同期声翻译等

家乡是否历史悠久，这只能增加内容的情感，却并不是阅读者所关注的信息，同时，一堆文字的摆放显得毫无层次，阅读起来也会感觉很乱。经过优化处理后的简历变换了格式并简化了文字，显然读起来更加省力。

2. 传统的单向线性阅读方式

如今，从阅读的习惯来看，以传统方式进行阅读已经不再是读者的唯一选择了。确实有很多人对纸质的书籍尚有情怀，但是你可以想想自己有多久没有买过一本杂志，也没有买过一份报纸了。其实，人们每天都在阅读，可以说现在的阅读量比以前的阅读量还要大，但是新技术改变了大家的阅读习惯。读者从来就是有选择的，特别是在数字时代的阅读环境下，读者的主动权将变得越来越大。

传统的阅读可以说是单向线性的，出版物承载的文字、图像都是既定的，是依照编者或作者的意愿串联的，读者必须以出版机构提供内容文本的排列顺序，从前到后、从上到下遵循着线索进行阅读，这种阅读的特征是稳定性强，阅读心理稳定，思索指向也稳定，有研究者把它定义为"线性阅读"。

3. 数字时代的非线性阅读方式

数字时代的阅读通常是非线性阅读，用户的关注时间越来越短，只想看他们关注的信息，这意味信息之间互相依赖的需求在降低，可以直接从中间开始看一段自己需要的信息，再跳到另一段，也不会看不懂。一些在线信息的结构，就可以是非线性的。这样做能够提升阅读的效率。

对于技术内容，通常读者也不会从头读到尾，而是希望快速定位，直接查找自己需要的信息。比如，当购买的咖啡机无法启动时，打开用户手册的你不愿意浪费大量时间从头读到尾才找到对应的方法，而是希望快速定位自己需要的关于解决无法启动问题的相关信息，并且能在一个主题中找到解决问题需要的全部信息。用户会查看目录，甚至是以图片方式来搜索和定位，而不会去看自己不关注的其他信息。非结构化的内容对于用户来说，查找和定位问题会有一定的困难。如果信息是被埋藏起来的，或者结构是隐性而非显性的，读者就很难找到，就像学习英语时在听力课程上做笔记，也是要设置相关关键词才能在日后的复习中快速定位重点难点。这些说起来容易，但做起来其实并不容易。

4. 结构化写作的适用情景

针对这种非线性的阅读方式，结构化写作非常适合，可以创建单独的自我包含的内容模块，无论是单独阅读还是放在整篇文档中按照顺序阅读都能产生实际意义。针对线性阅读的写作产生的内容，由于其对上下文的依赖和对阅读顺序的要求很难进行复用。而结构化写作的内容模块，可以自由组合，从而将其发布成不同的文档。

作为一种有"规定"的写作，结构化写作可以是基于结构化模板和风格指南的写作，不仅仅是在技术写作领域，在任何追求高效沟通和内容交换整合的领域，结构化写作的思路都值得推广。

结构化写作针对如下写作情境是非常适宜的。

- 需要高效率的沟通。
- 需要管理大量信息。
- 多人协作，内容可能被交换或整合。
- 内容需要复用。
- 内容不需要过多的创造和创意。

4.1.5 结构化写作相关案例解析

不是所有的内容都适用结构化写作的思路。比如，那些需要创意的写作：一本小说、一个广告文案、一首诗歌或一篇散文等，这些写作可能是无法基于严格规定的。这类写作对情感的诉求大于对信息的传递，作者通过内容更加期待能够说服读者并引起共鸣，或者是为了自我表达或传递文字的美感等。但是前文也提到了，结构化写作更加适合当前碎片化的数字阅读时代，下面列举几个案例进行说明。

1. 提高写作效率

笔者的一位好友在大学里做教学秘书工作，她的工作非常忙碌，我们约出来见面时她的电话一直响不停。她本人对这种忙碌也很烦躁，学校现在要求老师们交《学生培养计划》，大家交上来的材料写得五花八门，她只好又在网上找了模板发给老师们重新写，老师们怨声载道，对模板也不满意，觉得很多地方还是不清楚怎么写，也不符合学校的实际。笔者给她的建议是：先优化这个模板，将这个模板进行结构化处理，如果一开始就有一个定义良好的内容结构，老师们不需要做很多无用功，直接将需要的信息内容填进去就可以了。这样一来，不但对她来说能减少令其烦躁的咨询电话数量，对老师来说写作的效率也提高了，这是一举多得的事情。

对于 ToB 企业这种常常多人合作并且内容需要进一步整合的写作场景，结构化写作也是非常实用的。结构化的内容是指经过设计的内容，除了在技术文档中，结构化内容对于企业的其他内容管理来说也有着非常重要的作用。因为对于追逐利益最大化的企业来说，结构化的内容可以大大地节省成本、提高效率。

2. 保证信息的一致性

老刘是一位销售区域经理，突然收到销售总监老李群发所有区域经理的邮件"明天下班前交给我一份区域销售年度总结 PPT，我要合并成一个全公司的年度总结汇报给 CEO"。这是一个很重要的工作，老刘绞尽脑汁开始计划 PPT 中涵盖的内容，数据要怎么体现，要不要体现销售工作中存在的问题，还是主要体现工作的业绩，要不要加上竞争对手的分析……老刘开始写主要业务完成情况，再把这一年做的事情罗列一下，整理数据，最后终于赶在最终期限前完成了这个 PPT。其他区域经理的情况也都大致如此。虽然区域经理们也会互相打探对方的写法，但最终销售总监老李收到的区域销售年度总结 PPT 却是形形色色：有些人写了环比增长的数据，有些人却只写了同比增长的数据；有些人按照类别计算销售额，有些人却按照月份计算销售额；有些人会先讲存在的问题和弱点，有些人却压根就没写这方面的内容。

老李还有一天的时间向 CEO 汇报，但是面对这些不同格式、风格、写法的区域销售年度总结 PPT，也束手无策。老李将所有的区域销售年度总结 PPT 看了一遍，只有老刘的是最详细的，但是还存在一些冗余的信息，他将这些多余的信息删除，把内容删除留下框架，规定了自己的内容需求和数据统计的方式，要求按照产品、月度和销售人员等分别进行统计和总结，还必须包含存在问题、工作亮点和最佳实践、明年的工作计划以及增长点发掘等信息，又重新发给各位区域经理，要求他们提供框架中要求的内容。这样老李终于得到了他想要的信息，并且只要简单地将这上面的数字相加就能得到全部的销售数据了。

若是事先就能将内容的结构定下来，提供一个模型，并规定各个模块的写作内容，各个区域经理需要做的就只是填空题，而不是开放式的问答题，这样就减少了他们绞尽脑汁想内容的时间。基于标准和规范的结构化写作能够减少抽丝剥茧的工作，大大地提升工作效率，只要对着模板把信息一个个地填写进去即可。首先这样不会落下任何一部分信息，另外，领导也会很清楚知道哪些内容在哪个位置，如果要把这部分的内容整合在一起，只要将同样的数据进行简单相加就可以了。

整个过程提炼一下，就是领导根据自己想要知道的信息（需求）对内容的结构有一定的规定，销售经理根据规定进行内容的写作，然后再提交汇总。这个例子也能看出来结构化写作过程中的要点，就是针对需求对写作有所规定，从而能够保证信息的完整性、一致性，以及信息交换和数据计算的便利性等。

3. 微小的改变更有助于管理

我们常见的会议纪要、工作计划、简历等，都应该基于结构化写作的思路进行设计。因为这些内容的结构是通用的，我们就不需要去想太多，直接将信息按照模版填写进去即可。

笔者曾经通过对会议纪要的结构化设计提高了整体的会议效率。因为会议纪要不仅仅包含会议中每个议题讨论的过程，还需要对后续跟进进行规定，所以新增了一个名称为"行动计划"的内容模块，要求每个会议纪要必须写有后续行动计划，由此来约束对会议中必须输出可执行的跟进计划。

4.1.6 结构化写作的优势

根据上文中的例子，不难看出结构化写作可以给作者、组织或公司，以及终端用户带来很多益处，提升企业和组织的沟通的效率。

1. 提升作者（内容的创建者）的写作效率

根据结构填写内容，就等同于事先就有了写作大纲，作者能够知道如何写作。一个作者的内容可以根据结构的定义去创建，不需要再花费大量的时间考虑某个类型的发布物应该包含哪些内容模块。内容从一开始就有了一致性的保证，也能发现内容复用的潜力，从而提升整个组织的效率。

结构化的内容模块和更小的内容片断的自由组合能够让你根据不同的用户和使用场景重新组合内容。结构化写作要求对内容的结构有严格的定义，并且在整体上对内容有所管控，它使得复用和管理都变得非常容易，能够提供结构化写作，增强内容的一致性，减少非结构化写作带来的较大的编写和质量评估的工作量，从而也减少了在评审和调整格式上的重复劳动。

2. 提升读者（内容的使用者）的阅读效率

结构化处理能够使整个内容更加清晰、可读并符合逻辑。由其带来的一致性能够帮助读者提升对内容的理解，对内容的消费是一个可预测的行为，他们能够更快地找到自己想要的信息。同时，结构化的内容允许用户跳着读，由于容易理解，浏览也是可以快速进行的，因此非常符合现在非线性阅读的需求。

开车也好、走路也罢，人们第一次走某一段路由于对目的地没有预测性，就会觉得距离很远，时间过得很慢，多次走了之后就不会有这种感觉。预测性的来源是经验的积累，能够让人对自己所做的事情更加自信、方便，体验也会更好，而未知总是让人感到困惑和恐惧。结构化的内容提供了一种可预测的形式组织的信息。也就是说，结构化的内容不需要人们过多思考一个信息集合中需要包含哪些信息。比如，提到个人简历，一般人就应该知道其中有哪些具体信息。结构化的内容能够让一个特定文档类型中包含的模块都是一样的，因此具有"窥一斑而知全豹"的效果，却不需要"牵一发而动全身"。

一致的结构符合"最小惊讶原则"，能够助力用户进行快速理解。看一段符合逻辑、具有一致性、可预测的结构设计出来的内容，用户就像走在一条熟悉的道路上，由于知道怎么走以及还有多远，因此心里的感受也不会有距离感，人类天生对陌生事物的恐惧和不安感也会大大减少。预测性还能减少用户的分心和困惑。当你知道自己在哪里并知道接下来会发生什么的情况下，和你不知道自己在哪里也不知道接下来会发生什么的情况下，哪种情况下会令你会感到舒服、无压力，并且能更好地理解信息？相信大多数人会选择前者。

3. 提升企业和组织的整体沟通效率

笔者研究生毕业的时候，要将不同的材料交给不同地方的不同人，不同的材料要盖不同的章，还有很多手续要办，才能完成整个毕业流程。很多同学都不清楚到底哪个材料要盖什么章，什么时间交到哪里去，学生办公室的辅导员老师每天都接到很多电话，问她怎么填写，她被问得不厌其烦，写了一个《答辩攻略》的文档通过邮箱发给需要答辩的同学。但是这个文档中都是一大段一大段的文字，很多同学看了之后，还是不清楚到底要如何操作。笔者毕业后，从事了技术写作工作，就对这份内容进行了结构化处理并交给了学生办公室的辅导员老师，她说这份优化过的文档大大减少了其工作量。

任何多人创建、需要整合的文档都应该进行结构化的定义和处理，比如上文中销售部门要整合一个年终汇报的例子。一个同类型的文档结构也是根据作者不同而不同，根据创建部门的不同而不同。甚至同一个作者写的内容，不同时间段写的同类型文档的内容也会有变化。如果对内容没有进行结构化的定义和处理，那么一旦这些文档之间有联系（比如，同型号汽车不同配置的说明书），需要内容的复用，效率就很低了，或者说原本是可以互相联系和复用的内容，却因为没有一个相同的结构而导致资源的浪费。比如，一个软件的需求文档，应该包含哪些内容，这些内容的顺序和组织都应该是一致的。

结构化内容更容易被复用，可以将内容模块一用再用，这也提升了整个企业和组织的效率。

4. 提升内容质量

由于内容的获取和信息的传递中，主观的因素会产生巨大的影响，因此无论使用什么方式和维度来对写作的质量进行评估，都会存在不同的意见。人们往往只对差的文档有共识，而对好的文档判断上却通常是较为主观的感受，大部分情况下缺少一个量化的指标。也就是说，可能很多人都会觉得某个文档写得很差，但是对于好与更好之间，就见仁见智了。

有人提出结构化的写作影响了文字的艺术感，过于强调结构使得文字看上去机械枯燥。也许这种观点有一定的道理，结构化写作在一定程度上确实是会对作者的创作有所束缚。但是，在笔者的眼中，写作应该是科学逻辑和艺术美感的结合，有时候结构甚至会对美感也有所助力。即便是非常优美和具有艺术性的诗词，也是有结构的。语言学家们研究，语法本质上也是约定俗成的结构，遵循一个已经被广泛接受的结构模式的内容，除了能够大大提升人们沟通交流的效率，也能够帮作者极大增进一致性和内容的质量，避免写出杂乱无章的内容。

结构化写作应用得好的话可以极大地提升内容的完整性、正确性和一致性，并使内容更加容易理解。试想上文中提到的会议纪要的例子，如果在结构定义中规定，会议纪要必须包含行动计划，参会人在写作会议纪要的时候就不会忘记填写这一部分。这样一来，内容可以变得更加完整、正确、一致和可理解，而这些是高质量的内容不可或缺的评价标准。

一个结构化写作的流程，一定会在设计结构上花很大的精力，对文档的写作聚焦在发布样式和媒介的范畴。然而大部分有价值的结构，都能够帮助作者更好、更顺利地完成写作，并且审计一项内容的结构应该是处于领域知识和内容的范畴，也就是说作者只需要关注内容。如果没有技术手段来协助结构化写作，结构化写作对于文档质量提升的作用就会比较有限。

5. 助力复用

对于任何公司或组织来说，在内容的生产和运营上的投入都是昂贵的，从了解需要写作的主题、研究用户与受众、着手写作到评审与发布，每一步都需要花费大量的工时。若是创建出来的内容不加以合理利用，这部分付出就可能是徒劳的了。复用就能解决这个问题。复用是指将内容或者结构在不同的环境下进行重复利用的一个过程。复用能够减少不必要的重复劳动，也能够最大限度地提高内容的一致性。如果不复用，每次都重新创建文档，即使是同一个人进行写作，两次也未必能写出一模一样的文档。

同一个公司的产品，都有一定的共性。尤其是软件产品，都是模块化设计开发的。一个结构良好的内容，对内容的切割是非常合理的，能够让你更好地针对不同的读者和产品复用相同的内容,甚至能够帮助你把内容发布成为不同的样式。复用和结构化的写作是密不可分的:复用要求将内容结构化,如图4-8所示。

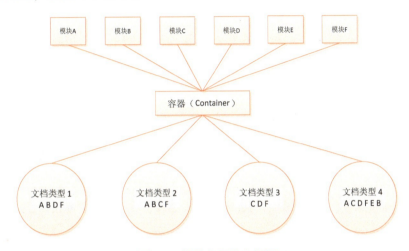

图4-8 结构化写作与复用

如果有一整套的内容管理系统,可以做到结构与内容分离。这意味着独立于格式的内容创建一次之后,可以针对不同的发布媒介生成不同的格式的文档。也就是说,不需要关心内容的字体、边距等信息,而是用语义标签来声明这些内容是什么。还可以根据需求,将内容发布到不同的媒介之中。

4.2 内容结构的设计

当我们把内容大类和体系设计好之后,就可以进行每个内容类别内部的结构设计了。设计内容的内部结构也是一样,还是要考虑用户、产品和服务、标杆企业和竞争对手的情况以及被广泛接受的内容范式,并从内容管理的角度进行优化。之前,讲解了什么是结构化写作,那么内容结构的设计到底应该怎么做,从哪些角度进行设计,需要考虑哪些问题,或者说到底应该设计什么呢?

4.2.1 转换思路

笔者还记得正式进入职场时的某位领导在内部培训时给我们展示了一个 MV。歌曲的名称为 Lipop，是一首韩国组合的歌，MV 中一群俊男靓女打扮成 20 世纪 80 年代的样子在跳舞。领导给我们出了一道题，让我们分组讨论这个 MV 是如何设计的。当时笔者很纳闷，觉得 MV 和写作有什么关系呢？后来领导给出的答案是，这个 MV 中含有很多的元素，比如灯光是元素、舞台是元素、布景是元素，以及人物和其服装、发型等都是元素，正是这些元素组成了这样一个 MV。而 MV 的目标用户决定了这些元素的风格和需求。

对"元素""组成""风格"这些词的理解，形成了笔者对结构化写作转换思路的第一步。比如，要组织一台老年大学的中秋晚会，既然有了一个明确的主题，那要如何入手呢？是不是要了解老年人的喜好？可能流行歌手不会比民歌歌手更受欢迎。然后还要考虑歌舞类、语言类的节目的比例，如何穿插，每个节目时间多少，定好这些才能去实际操作和组织。不管是组织一场晚会，还是设计一个衣柜，或者装修一栋房子，你会发现道理都是相通的。如果用结构的眼光去看待，就能看到立体的、多维的、有逻辑的信息，而不是一个线性的，或者是直觉的，甚至是混乱的信息。

要想做结构化写作，首先要改变以往看待内容的方式。以往写文档时，人们只会将重心聚焦在最终的那个 Word 或者 PDF 的发布物上，这个时候大家的思路会被最终的样式限制住。很多人都将写作等同于文档，将文档等同于 Word。而使用结构化写作的思路，需要看到文档内容的逻辑和骨骼，也就是结构。写作的对象是一个个的内容元素，这些内容元素在什么地方以何种形式发布是提前规划好了的。比如，产品参数信息这个元素，可能出现在公司官网的产品详情页介绍中，也可能出现在印刷的宣传册中，还可能出现在产品的说明书中。

4.2.2 "看"到结构

首先，在具体进行结构化写作之前，将自己的思路进行扩展。很多从业者用工作量来衡量自己的业绩，这并不合理。不要在意最后文档的发布是几百页还是几十页，更不要以此来评估和衡量个人的工作成果，而是要关注内容本身，内容是否出现在了合适的地方，是否得到了最大程度的使用和复用，用户是否愿意阅读，是否真的给用户解决了问题，最终给产品和服务带来了实际价值。

其次，要具有"看"到结构的意识。不要只看到载体和样式，而是关注传递的内容，要能够看到它的逻辑结构，即它的骨骼，再判断这个结构是否合理。

再次，要从"为什么"这三个字出发，内容模块为什么存在，为什么这样设计……都是作者要回答的问题，因为只有这样，才能心系用户。

最后，要有从结构入手的习惯，在结构设计的基础上进行内容的创建，在已有的经过充分验证的基础上进行内容填充。等到结构固化下来，创建内容就变得很容易了。

如何才能"看"到结构？建议读者可以采取如下一些方式。

1）看到的内容，即读到文本信息本身。也就是说，我们需要你这样看待内容，而不是附加了其格式。对于每个字，只关注它传递的意义。

2）看到文档的样式，样式能够加强对内容的理解，也能够提供对内容基于文化和语言大环境下的解读。在现实中，通用的共识是对一个文字加粗表示强调，标题的字号要大于正文且要更显眼。通常，内容的样式也暗含了不同的结构。内容的样式就是内容的输出，这个结构就是内容的最终呈现——是发布成纸张进行阅读还是在线进行阅读。读者最终可能看到的也许就是一本纸质书或一个 Word 或 pdf 文件。

3）抽离样式，拨开内容，抽象出内容元素，给相同的内容元素进行定义，找到内容的逻辑关联。每个章节之间的关联，比如，总分总结构、三段论和层层深入分段描述等。这个结构常常和意义相关。

根据结构的层级，可以把内容的结构分为如下 3 个层级。

1）整个产品和服务的内容体系中包含哪些交付物，即哪些文档。

2）每个交付物的结构（即一个发布物）包含哪些内容模块，即文档中包含什么内容模块。

3）内容模块的内部结构（即一个内容模块）中包含哪些内容元素。内容与模块中包含什么元素。

注意：内容元素和内容模块的概念是人为定义的，完全由内容颗粒度大小来决定。

当看到这些结构的时候，就能够看到内容的细节，从而更加深入了解它们的功能。此时，内容在我们眼中就不仅仅是一个"文档"了，当然也可能其本身就是一个文档，但是也可能是一句用户界面上的提示语、网站上的 FAQ（Frequently Asked Questions，常见问题解答）等。

对于内容的结构设计来说，通常考虑产品和用户两个方面：需要了解你的用户是谁，他们需要什么样的内容；你的产品需要提供什么内容，他们何时何地需要这些内容。只有经过充分的研究，才能做出一个好的内容结构。如果对用户不够了解，你组织内容的方式就很难得到他们的理解，他们也很难找到自己想要的内容。如果对内容不够了解，就很难彻底对现有内容进行规划，更不用提兼容未来的需求了。对使用场景不了解会导致内容出现在不该出现的时间、地点和媒介上，比如原本应该出现在手机上的内容，却出现在了网站上。

要想设计良好的内容结构，需要有共情和沟通的能力，从而才能够站在用户的角度思考问题，也需要对语言有精准的驾驭能力，还需要了解领域的相关知识。

4.2.3 自上而下的结构设计

自上而下的方式，要求站在战略的高度来看企业的目标、用户的需求和产品的定位。从最高的策略和目标向下展开，一层层地慢慢设计内容的结构。自上而下的设计是一种由大到小、由高到低、由整体到部分的思路。比如，小石块→小石子→沙子；盖房子时，先设计房子，再设计房间，最后根据不同的功能设计柜子、管道和窗户等细节；厨师烹饪菜肴时，会先想好具体做什么菜，再考虑要备什么配料、用什么工具，以什么方式来烹饪。以上这些情景都类似一种结构化思维的过程。

1. 自上而下结构设计过程

结构化思维的过程通常都先有一个整体目标,再逐步分解目标进行结构设计。自上而下的结构设计能够提供一个大的结构,再细分为一个个的子结构,具体过程如下。

- 自上而下的过程,在逻辑学里面也叫推导和演绎的过程。从上到下,要求在一个对业务领域有很好理解的情况下进行整体设计,再慢慢填充内容类型。
- 自上而下的结构通常始于一个更高层次的问题和目标,要求设计者能够明白整体的内容策略和用户需求,从而先设计一个基础的框架,在这个基础框架的层级上,将内容的关系逐步进行提炼,层层深入细化。比如,自上而下地试着写出某公司的内容体系结构是怎样的。
- 自上而下的内容设计的过程呈现如图4-9所示的金字塔形状。
- 自上而下的结构设计先根据整体的目标来设计整个内容的架构,从内容的体系,到单个文档,到内容模块,再到每个句子。

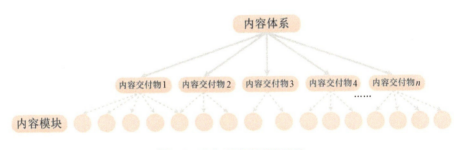

图4-9 自上而下的内容设计

2. 自上而下结构设计缺点

人们在以上过程中可能会忽略很多细节,由于自上而下的结构设计要求在现有框架的基础上进行填充,只采用自上而下的设计则有可能看不到某些细节,比如某个用户的需求内容模块被遗漏、某种文档的缺失等。很多内容看上去相似但是其设计方法却很不同,这时就需要同时结合自下而上的方法,下面将会讲解这种方法。

4.2.4 自下而上的结构设计

在大部分时间里，人们是发现，而不是发明内容的结构。自下而上的结构设计的策略，通常都从内容模块出发，再慢慢发展到复杂和完整的体系。要求对内容的细节了解得足够透彻，最底层的内容模块要详细到用户的每一个任务和可能产生的问题都会有支撑。

1. 自下而上结构设计过程

自下而上的设计要求人们进行大量信息收集的工作，而通常做内容结构设计的时候，都不会从零开始，有时候会看到一大堆已有的混乱内容，或者在做头脑风暴的时候也会产生多条信息，这些情况下，就要采用自下而上的方式进行内容设计。这种方式最适合的是在已有大量内容的情况下，对内容进行归类和抽象，具体过程如下。

- 在研究大量内容的基础上，进一步提炼同类想法的本质，写一个名词或句子，并把这些同类想法归到这个名词下。注意分类有两个方向，即水平方向的并列关系和垂直方向的层级关系。
- 分类过后，再看一下这些分类，是否存在某种规律，按照这样的规律，是否需要补充或调整，再来合并同类项，慢慢提炼出一个整体的结构。
- 确定了结构之后，看每个结构之下是否还需要进行内容元素的补充。
- 最后，完善思路并提炼核心观点。

通过自下而上将内容元素一块一块地按照一定的类别和逻辑进行归纳形成体系和关联，就可以解决很多现实中存在的问题。比如，可以将一个产品的某个介绍类内容放在不同的内容交付物中，这种方法是将内容的元素组成模块，再组成更大的内容类型。如果只使用这个方法，通常会产生很多重复的劳动，导致各自为政地独立设计，从而忽略了一个整体的目标。同时，也会把人的思路限制在已有内容的层级，看不到内容的缺失，少了整体的规划，东一耙子西一扫帚，内容的绩效过低。

自下而上的结构设计，要求每一个内容模块都具有自明性，也就是该内容模块独立出现的时候要有意义和功能,否则就会很难被归类。同时一个内容模块也不能是有多个意义的,也就是说当它大到无所不包,也会很难归类。自下而上的结构设计的具体形式如图 4-10 所示。

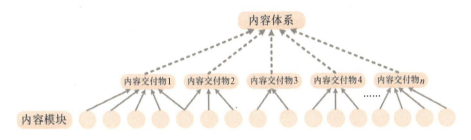

图 4-10　自下而上的结构设计

2. 自下而上结构设计缺点

单独使用自下而上的方法也会存在一些问题。如果内容的梳理者是上游业务利益相关人,那么过细的内容模块会提供过于细节和琐碎的内容,导致要花费大量时间过滤所有细节,以获得内容的真实含义。对设计者来说,整个过程非常枯燥,这样会导致他们要么当时就放弃了,要么做一段时间也放弃了。

4.2.5　交叉方法的结构设计

在实际的设计过程中,自上而下的设计和自下而上的设计向来都是共同出现的,而且是交叉使用的。内容的结构往往需要迭代多次才能够稳定下来。在计划阶段,人们往往会采用自上而下的设计方法,进行整体的考虑;到了实现阶段,往往会遇到很多计划时没有考虑到的内容模块,这时候就需要采用自下而上的方法对整个结构进行补充。设计的时候要自己把握一个尺度,对结构设计得过于细致会导致适应性和扩展性差,而过于宽泛又导致丢掉核心价值的信息,从而失去了其存在的意义。

4.2.6　内容元素、内容模块与内容模型

内容元素、内容模块与内容模型是共生共存的,下面分别进行详细介绍。

1. 内容元素和内容模块的关系

内容元素是内容的最基础单元，内容模块就是内容元素根据颗粒度的大小进行的集合。当一个元素有了足够的自我包含和自明性，内容元素和内容模块这两个概念就可以混用，比如，操作说明中的步骤这个内容元素，就是任务这个内容模块中的，而有时，步骤本身也可以是一个内容模块。但是产品名称这个元素，很难当作内容模块来出现。

大小都是相对的概念，就看你想把颗粒度精细到什么程度。人们常常说内容的管理，管理的对象通常是一个个的内容模块。比如，管理文档可以理解为管理一段又一段的内容文字，如果管得再底层一点就变成管理数据。很多大公司都会使用内容管理系统进行管理，但无论是否有科技来帮助你进行内容模块的管理，都应该把结构化写作的重点放在内容模块本身的设计上。在这个设计模型的阶段，不需要考虑最后这个内容的样式是什么（是要印刷成册，还是在网页上显示），只需要关心每个内容的模型应该有什么样的结构，也就是包含哪些类别的内容模块，以及它们的内部结构。

2. 什么是内容模型

一个内容模型是内容组织模式的抽象和描述。内容模型是内容的结构体现。内容模型和内容模块的区别在于内容模型是抽象的，而内容模块是具体的。

在传统的写作思路中，一个个的内容模块都是用标题来划分的，并且用模板的形式来表示。创建一个个的内容模型是设计结构化内容的基础。一个内容模块就是一个结构化内容的抽象表示，将一组具有同样属性的内容组合在一起，同样的内容模块具有同样的功能，内容模型就是一个个的模具，将内容切割成一个个的内容块。比如，IMRAD 模型，观察性研究和实验性研究论文的正文通常分为几个部分，以前言（Introduction）、方法（Method）、结果（Result）和讨论（Discussion）为主要内容模块。这种结构被称为 IMRAD，在论文写作领域很常用。IMRAD 结构直接反映了科学发现的过程。很多时候，虽然结构一致，但内容却完全不一样。比如，一个企业内容的产品描述模块，功能都是进行产品的描述，对一个咖啡机的产品描述和对一个洗衣机的产品描述内容不可能是相同的，但是其描述结构可能完全一致。

3. 内容模块与内容模型的关系

那么是不是我们把章节里的段落拆一拆就成了内容模块了？答案当然是否定的。在建立内容模型的时候，可以从原来的内容入手，但是一定不要用原有文档的视角看待内容。有些文档是天生自带清晰结构的，比如菜谱、常见问题解答等。但是大部分的内容如果没有对结构有所规定，大家就会写出五花八门的样子。结构化写作是改变原来的线性叙述的写作思路，在进行内容梳理的时候，就应该了解到现在的文档有什么优势和不足，原有的内容是否从用户的角度出发了，是否回答了有些用户的问题，是否支持了有些用户的任务需求。

内容模块和普通段落的另一个分别在于，内容模块可以是包含关于同一个主题的一个或多个句子、一个或多个段落，也可以是包含图表等不同的形式与样式的内容，还可以是对客户案例的主人公介绍、产品的优势说明、产品的概览部分、某个操作步骤、装箱清单或一个警告信息。也就是说，内容模块完全是基于内容的，格式上并没有严格的区分。而段落，虽然严格意义上讲有一定的内容符合上面的特征，但本质上却跟格式相关。

创建内容模型的思想是近几年才兴起的，它与数据库设计中的数据建模以及软件系统设计中的对象模型都有相似之处。在设计数据库的时候，通过建模给数据赋予意义，可以使得存储和检索变得更加高效。使用对象模型，通过定义对象和它们的关系，可以使得访问和管理对象这一过程变得更加高效。这两种创建模型的思路同样适用于内容模型。图 4-11 所示为一个产品介绍文档的内容模型，该内容模型包含了产品名称、图片和优势等元素，作用在于搜集用户关心的问题，介绍产品的相关方面。

无论是什么产品，这个产品可能是家用计算机，也可能是企业级大型交换机，都可以将该产品介绍的内容模块按照图 4-11 那样的结构进行设计。实际上，不同产品的内容可能完全不一样，但结构却可以是一样的。

还可以从内容的功能角度确定元素。比如，客户案例的内容结构，就是从这个内容的功能角度定义的，如图 4-12 所示。

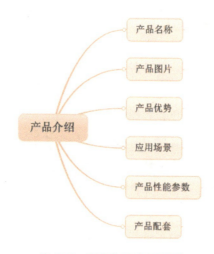

图 4-11　产品介绍内容模型

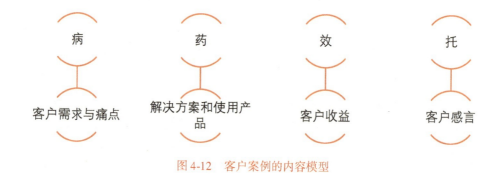

图 4-12　客户案例的内容模型

任何类型的事物，越是抽象化和一般化，应用就越广泛，但同时对作者的指导意义就不强；越是严格就越具有指导性，但是应用的场景就越受限。过于严格和具体，就失去了创造力，生命力也会减弱，可应用的情况也会大大减少。比如，概念型内容适用所有概念传递类的内容，而产品介绍这个模块只适用于产品介绍，对公司介绍就不适用了。这时候我们想到前面的内容分类，技术内容适合严格的结构，而市场内容的结构则需要广泛一些。

内容模型的设计是对内容模块的切割，切割出来的内容模块的颗粒度大小，也是需要考虑的对象，即定义的内容最大是多大、最小是多小，要管到多精细的程度。比如一个内容模块的大小如何定义，如果定义产品介绍是一个内容模块，那么就管理到产品模块这个层级所包含的一些内容元素，而不需要把产品介绍再细分成产品名称、产品图片、产品性能、产品配套和产品优势等模块。如果定义产品优势是一个内容模块，那么它还需要继续细分为性能优势、技术优势等内容元素，这样会增加管理的难度。

比如，《××会议纪要》的结构化要想做得更细致，可以从很多方面去考虑，如下。

- 会议主题：
- 讨论目标：
- 与会人：
- 缺席：
- 讨论情况：

    问题一：

    解决方案：

    问题二：

    解决方案：

    ……

- 会后跟进：

    跟进事项一：

    跟进人：

    完成时间：

跟进事项二：

    跟进人：

    完成时间：

    ……

根据个人的需要也可以对内容规定和管理的颗粒度进行划分，将颗粒度放大，如下。

- 会议主题：
- 讨论目标：
- 与会人：

- 缺席：
- 讨论情况：
- 会后跟进：

这个模型要抽象或具体到什么程度，内容的颗粒大小要到什么程度，没有一定之规，要根据企业、用户等多方面的实际情况进行考虑。而这也就是设计内容模型的难点所在，要想更好地使内容模型适合自己的企业、产品和用户，永远都要记住：内容模型应该适应用户和作者。

4. 内容模块设计的原则

要将内容切割成小的、可管理的模块，可以根据很多维度对内容进行分类组合，比如，按照内容的目标读者分类，按照内容的使用场景分类，按照各个内容的功能和用途分类等都是常见的方法。

对于内容模型的建设，并没有什么固定的标准，但是如果将内容作为一个信息系统来建设，可以借鉴数据建模的一些思路。

结构化设计的原则是力求以少数模块组成尽可能多的产品，并在满足要求的基础上使每个发布的文档信息准确、结构简单、可理解和说得通。模块内部的结构应尽量简单、规范，模块间的联系也尽可能简单。因此，如何科学、有节制地划分模块，是内容设计中很具有艺术性的一项工作，既要照顾内容创建和管理上的方便，具有较大的灵活性，避免组合时产生重复和混乱，又要考虑该模块将来进行复用和重新规划。划分的好坏直接影响模块系列设计的成功与否。

总体来说，内容模块设计的原则如下。

（1）独立性

独立性可以理解为内容模块在意义和内容上相对独立，内容模块可以单独创建、修改、存储和维护，而不影响其他内容模块。这和软件系统模块的设计道理是相通的，要求具备低耦合度和自我包含。独立性是指当一个内容模块单独存在的时候，也可以传递完整的意义。

这种分而治之的原则使得内容结构清晰、容易阅读、理解、测试和修改。

（2）内聚性或相关性

内聚性是数据建模常用的说法，也可以说是相关性，一个内容模块不应该有与其表达意义不相关的信息。在理想的状态下，一个内容模块只解决一个问题，这样的优势在于一是便于理解，二是该模块的变动不会影响其他的模块，耦合性相应就会降低很多。

（3）可复用性

可复用性表现为内容模块要能够在多个内容体系中使用。比如，某一品牌汽车的维修手册，更换机油的部分操作方法也许针对不同车型的操作也是相通的。如果能开发出在任何上下文中都讲得通的内容，就可以针对不同的读者和目的将它复用到不同的格式文档中进行使用。甚至我们会为了复用而对内容模块重新进行划分。

（4）大小适中

大小适中表现为：过大的内容模块等于没有结构划分，会让用户错过很多关键的信息内容；而过小的内容模块会显得重点不突出，让用户浪费大量时间去寻找自己所需的内容信息。

（5）逻辑性和常识性

内容模块当然还要符合逻辑和常识，并要从用户的需求出发。由于用户习惯一经养成，任何和之前习惯不符的设计都会产生问题，因此要遵循常识和范式，根据用户已经形成的使用习惯进行分类。这就是为什么很多智能设备的使用方法和交互界面都设计得差不多，相同行业网站的信息结构也很相似的根本原因。

5. 内容模块相关案例

前面所提到的会议纪要，会后跟进就是一个内容模块。通常来说，在整个内容体系中，术语可以是一个内容模块，因为它单独存在且有意义，并可以复用。

菜谱就是天生结构清晰的内容，包含了菜谱标题、配料列表、准备工作和操作步骤等元素。操作步骤1、2、3、4会组织在一起，配料会组织在一起，从而产生了一个列表项。用户或者读者非常清楚什么位置会出现什么内容，他们可以通过标题的名称来定位需要的信息。配料的准备在操作步骤之前，这是符合逻辑的，但是配料脱离了菜品单独出现则毫无意义，因此配料这个模块就不是一个内容模块。

日常所见的类似于"常见问题解答"这种文档的结构也是非常清晰和自然的，至少需要包括一个问题和一个回答。虽然，在网页或者手册上的常见问题可能是一大堆的文字，可以将每个常见问题解答进一步进行归类。比如，产品相关问题、企业相关问题，而产品相关问题则可以再分为安装使用、产品维修等类别。这种类别描述了常见问题解答是关于什么的，不同类别问题的回答可能含有其独特的元素，如产品图片或教学视频。同样，针对企业的新闻稿、研究报告，也可以将其添加到相关的内容类型列表中，从而将其包含在整个内容模型中。

第 5 章

生产与梳理内容

ToB 企业内容运营的最初阶段，很多人都会自然想到要创建和发布新的内容。然而问题在于很多内容都是被埋藏起来的，并没有得到很好的应用和复用。实际上，更新和复用已有的内容是最高效的内容运营手段之一，那么内容生产与梳理就变得非常有意义了。

5.1　内容盘点

盘点这个词原本是指对库存的清点。内容盘点的定义是指对已有的内容进行梳理、归类和分析等操作的过程。内容经过盘点后才能进行下一步的完善。

5.1.1　内容盘点过程

内容盘点的过程，也是一个系统分析和获取所有内容的过程，能帮助你对基本盘进行一个全面了解。企业或组织每天都在产生非常多的内容，我们的工作不会是从零开始的，要建立体系和有规划地创建和管理技术内容，更多的工作是梳理这些内容。

1. 内容盘点大致流程

首先，要知道这些内容都有什么。一个公司每天都在产生内容，无论是技术类的内容还是市场类的内容。要想知道整个公司的内容有哪些，就应该像盘点库存那样去盘点内容：有多少内容，这些内容应该如何分类。

其次，把这些内容进行定量和定性分析，研究所有的内容，而不是针对某一个产品的内容或者一个项目产生的技术内容。比如，一个聪明的主妇在买菜之前，一定会先看看冰箱里还剩什么蔬菜，而不是买回来一大堆蔬菜后，发现很多蔬菜和冰箱里所剩的蔬菜都重复了，结果还没吃完呢，重复的蔬菜就烂掉了，最终只能扔掉。内容体系的设计也是如此，无论是结构设计还是内容写作，都要先看看原本有什么内容，有没有直接可以使用的，而不是拿起来就开始写。笔者听说某中大型企业的内容管理系统中，纯文本的内容就存了超过 4TB，很多内容创建了之后就只是存在那里，没人去查看和使用，直到变成毫无用处的过时内容，这就造成了极大的浪费。

最后，通过内容盘点，可以对现有内容的优缺点进行全面分析，并可以回顾针对现有业务的目标，找出内容策略中是否有缺失的一角。同时，内容盘点不仅仅是找出现有的内容，还要在现有内容中找到什么内容是好的、有效的，而什么内容是一点用都没有的，并且，结合前面对用户旅程的研究，找到对于用户来说什么内容是真正有意义和效果的，什么内容毫无用处甚至是对用户的一种打扰。比如，对于影响者和决策者来说，哪些内容是有意义的。此外，还要看内容的质量，有些内容虽然非常重要，但是质量很差，这样的内容也不能直接引用，否则会导致整体内容质量下降。

2. 梳理内容注意事项

内容盘点是一个操作非常艰难且耗时的劳动密集型工作，因此在开始内容盘点之前，要针对现有内容的梳理制定相关的策略，否则就白费力气还得不到理想的效果。梳理现有内容需要做到如下几方面。

(1) 确认现有文档的类型以及内容模块

进行内容的梳理时，最重要的事情就是理清内容之间的关系，将符合同样目标和元数据的内容归为同一种内容类型。如果当前的内容是有层级的，则可以确定其中的内容模块都是有逻辑关联的。这样能帮助你弄清楚这里面到底有多少内容。比如，每个产品有多少内容模块，其中有多少内容模块是相同的，类似于每个互联网扫地机器人都有一个网络模块，这些网络模块是否一样（涉及后期的升级和维修）。

确认现有文档的类型以及内容模块需要解决如下问题。

- 有多少种文档的类型？
- 文档中包含哪些内容，这些内容之间存在怎样的联系？
- 不同的文档类型之间的共性是什么？比如，它们是否有共同的内容模块？
- 从结构化写作角度来看，内容的结构设计是否合理？
- 是否有内容的缺失？

(2) 确定内容是如何使用、复用和传递给不同的客户的

告知分析是通过研究内容策略和用户分析所总结的相关需求，以确定谁、何时、何地、为什么以及如何使用这些内容的用户。在这种背景下，用户既可能是内部的，也可能是外部的。

要想确定内容是如何使用、复用和传递给不同的客户的,需要解决如下问题。
- 各个文档都是由谁负责的?谁来管理?谁来使用?
- 内容传递的形式有哪些?
- 不同部门之间的内容是否有重合?有哪些重合?

(3) 确认内容是否有重复创建

当内容归类了以后,再来检查这些内容的类型之间有多少相似度,是否存在如下一些情况。
- 同一个内容类型在不同的部门多次创建。
- 本应是同种类型的内容却有不一样的结构。
- 内容内部模块有很大相似性的内容之间没有进行复用。

(4) 确认内容是否符合用户的需求

确认内容是否符合用户的需求需要解决如下问题。
- 该内容模块的存在是否有实际意义?
- 该技术内容是否可用?
- 用户是否很容易获取内容?
- 在现有内容中,用户是否很容易就能够找到自己需要的信息?
- 在现有内容中,不同内容类型之间的功能是否有重复?如果有,是哪些,是否可以合并或替代?进一步需要解决如下问题。
  - 这些内容的格式是怎么样的?
  - 这些内容是否当用户需要时出现在了该出现的地方?

……

梳理内容并不难,但是这个过程非常烦琐、耗时,需要很大的耐心才能完成。在掌握了用户旅程和需求,以及产品和服务的体系之后,可以根据情况用相关的思维导图或者 Excel 协助个人完成这个工作。

5.1.2 针对某软件平台产品的内容梳理

下面针对某软件平台产品的内容进行梳理。

表 5-1 中的每一个内容的类型都是由相互关联的内容模块组成的。

表 5-1 内容类型定义梳理

内容类型	定　义	目标用户	传递渠道	责任部门	时间
产品技术白皮书	对产品进行介绍，对产品架构、设计方法论以及关键技术进行描述	经销商；客户；销售人员；技术支持	邮件发送；公司官网；客户拜访；展会时赠送印刷品	部门a；部门b	售前
产品介绍	对产品进行简单的介绍	客户；销售人员；经销商	邮件发送；公司官网；客户拜访；	部门a	售前
规格性能说明书	对产品的结构、性能和功能等方面进行介绍	经销商；客户；销售人员；技术支持	邮件发送；公司官网；客户拜访；展会时赠送印刷品	部门c；部门b	售前
客户案例	使用该产品的大客户案例	客户；经销商；销售人员	邮件发送；公司官网；客户拜访；展会时赠送印刷品	部门a	售前
调试指南	指导用户对系统进行调试	系统工程师；技术支持工程师；系统管理员；系统普通用户	光盘；云盘；公司官网	部门a；部门b	售后
二次开发指南	指导第三方对软件进行二次开发	研发工程师；	公司官网；邮箱发送	部门a；部门b	售后
维护手册	对系统维护的指导	系统维护人员；	光盘；云盘；公司官网	部门a；部门b	售后
帮助文档	系统的使用指南	系统管理员系统普通用户	嵌入式软件系统	部门a；部门b	售后
常见问题解决	提供常见问题的分析，以及故障恢复的方法	技术支持工程师系统管理员系统普通用户	光盘；云盘；公司官网；嵌入式软件系统	部门a；部门b	售后

图 5-1 所示的表格只是第一个层级的内容梳理，还要进行更深层次的梳理，即现有的文档类型中包含哪些模块，如表 5-2 所示。

表 5-2　内容模块对比梳理

产品技术白皮书	客户案例	安装部署指南	产品介绍	二次开发指南	维护手册	帮助文档	常见故障解决
产品简介	客户介绍	产品简介	产品名称	产品简介	产品简介	产品简介	故障一
应用场景概览	客户痛点	安装说明	主要功能	接口说明	功能模块一的维护	用户操作任务一	故障二
产品设计方法论	解决方案	系统部署	技术架构	接口调用	功能模块二的维护	用户操作任务二	故障三
关键技术说明	使用产品	常见问题解答	应用场景			用户操作任务三	故障四
……	客户收益	……	重要客户	……	……	……	……

梳理内容模块的细致程度与管理的颗粒度有很大的关系。在研究现有内容模块时，就可以很清晰地看到，针对这个称为系统平台的产品类型，目前有多少不同的内容大类，哪些内容模块是反复出现可以复用的，哪些是不够独立不可以复用的。然后再根据对用户需求的把握和产品体系的了解来看目前的用户需求是否已经完全覆盖了，一旦产品新增一个功能模块会影响与用户相关的哪些信息。

5.2　内容的活水源

做内容运营的最关键因素就是要有源源不断的生产优质内容的能力。微信公众号在鼎盛时期有上千万个，但大多数都缺少持续生产的能力。要想把内容做好，就要找到一个内容的水源，让优质的内容能够源源不断生产出来。没有了这个水源，即使打造再多"疯传"的爆款内容，即使这些内容再优质，也无法让用户持续关注、长久跟随。但是我们也要看到为 ToB 企业产品生产内容和为 ToC 企业产品生产内容的巨大区别，在 ToB 企业中，通常有多个部门和多个团队都要生产内容。有时候我们需要做的就是类似于"命题作文"的工作。

下面来看一下企业中整体上能有多少人成为内容的贡献者，他们如何保证内容源源不断生产出来。

1. 要有节奏和章法

首先，要设置内容日历，之后根据市场活动和产品发布节奏进行提前策划，这样就保证了所设计的内容体系能够跟随产品发布的节奏进行内容适配。内容的生产是产品发布的标准动作，只要产品有产品路线图就会配合以源源不断的内容。

其次，可以根据节日和大事件主动设计内容的节奏。比如，国庆节、客户日、报告发布日，都可以吸引特定用户的目光。特别是 ToB 高科技公司，还可以利用 1024 程序员节。

2. 根据市场需求进行设计

如果很多客户十分看重产品在安全方面的功能，但他们在未接触销售人员之前，并不知道产品在安全方面的功能，那么就说明产品一直缺少一本安全白皮书。因此，要针对这一情况，设计一本安全白皮书给客户透传（透明传输）这部分功能，让客户有进一步了解产品的欲望。

3. 降低写作门槛和难度

通过结构化写作，让内容更多是信息交换，毕竟不是写一篇散文那样抒发情感，因此尽量采用命题作文、填空题等相似形式，而尽量不用问答题这类形式。尤其是 ToB 产品，共鸣也许会有，共情就非常难了。这也是之前反复提到的，要做填空题而不是问答题，不是自由发挥，而是有框架可以参照。

4. 使用运营手段激发写作热情

如果设计一份关于内部员工贡献奖项的内容文档，那么在得到领导支持和站台的情况下，这份文档里的信息可以包括物质和精神激励双重奖励的条款，也可以展示团队晾晒、数据排名等数据，还可以邀请嘉宾、大咖来分享业务心得和经验教训，从而为写作提供动力和鞭策，之后在这些分享内容的基础上再打磨稿件，让它变得更加具有干货内容。这种共创方式不仅可以提升自己部门的效率，内容质量也会更高。别忘了如果要采用内容共创，就需要首先规定内容的生产框架或标准。像激发 C 端用户一样去激发 B 端相关员工、客户的创作欲，把一份内容变成一个内容共创的平台，然后让大家来贡献内容，这是一个高效的内容生产方式。如果能够实现"全员皆内容"，还怕内容生产难吗？

5. 除了内部，还可以向外部用户借力

向用户邀稿、请用户助力也是一种提高内容"杠杆率"的策略。请用户在看到内容后积极给作者足够的内容反馈（无论是认可还是反对，批评还是表扬）或者将内容进行大量的点赞和转发。当作者看到内容引起了广泛的讨论，也会感受读者的共鸣，收获成就感，刺激自己的创作热情。最终通过不断创作的内容奠定自己在某一领域的专家地位，从而有效激发自己的创作热情。

6. 内容利旧

内容利旧就是充分利用旧有内容去创作新的内容，即旧元素的新组合。自己所属领域或公司可能出过一些大部头的内容，比如技术白皮书等，甚至很多企业还主导出版过很多专业书籍或前沿的研究报告，可以将这些大的内容拆成一个又一个小的内容，甚至每一个小章节都可以整理出一个观点，在这个观点的基础上进行扩展，就可以推陈出新。

7. 内容复用

内容生产出来可以用很多次。内容策略中一定要具备的准则就是内容的复用率，这样可以提高内容生产的效率，从而避免资源浪费。如果企业中 3 位月薪 8 万元的技术总监花了 1 个月时间共同撰写了一篇企业技术资源报告，加上校对和评审，这篇报告的成本就超过了 20 万元，如果只用一次那就太浪费了，还会增添市场等其他相关部门的压力。但如果对它进行适当改造，就可以多次使用。比如，公众号发过一次的文章，可以在现场演讲的时候再用 PPT 进行精讲，甚至还可以把它拆分成多个小段，然后去拍一些小视频或者做一些长图，在其他平台再次发送。提高内容的复用率，也就是"一鱼多吃"，即以不同形式和渠道多次分发内容。

5.3 讲产品——从价值主张到技术能力

在前面的章节中讲到了内容设计的几个方面，本节从产品开始，分别

对几种典型的内容类型进行结构化设计,并给出部分内容的示例。

5.3.1 价值主张

价值主张的相关知识内容如下所述。

1. 定义

价值主张这个词,对于大部分职场人来说都不陌生,但是很多人并不清楚价值主张的意义和价值。很多人也认为价值主张仅仅是一个内容,一个口号而已,这话部分正确,但是价值主张更大的意义在于,它是内容的中心,一个产品的所有内容都应该围绕价值主张去做。ToB 产品决策链条长,内容多而复杂,在这条长路上陪伴客户,如果没有价值主张,内容就会偏掉,导致重点不够突出。

> **提示** 价值主张是指针对潜在客户表达使用你的产品和服务预计能获得的收益(最好是可量化的收益)。

价值主张明确指出对于客户来说什么是有意义的,即对客户真实需求进行深入描述。整体内容想传递的 Key Message(关键信息)都应该围绕这个价值主张。一定要记得,价值主张是客户选择你而放弃另一家的原因,它解决了客户的核心问题或者满足了其核心需求。

对于 B 端的客户来说,价值主张的利益点如图 5-1 所示。

图 5-1 价值主张利益点

2. 结构

市场营销大师杰弗里·摩尔（Geoffrey Alexander Moore，硅谷教父、高科技营销魔法之父、硅谷战略与创新咨询专家）设计了一个价值主张模型，可以帮助我们确定企业的价值主张，这个价值主张模型如图 5-2 所示。

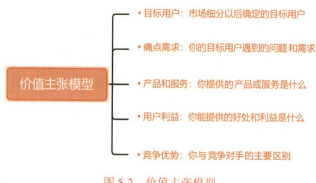

图 5-2　价值主张模型

3. 价值主张模板

有了上面的元素，就可以初步写出一个价值主张了。Geoff Moore 的价值主张内容模板如下。

For [target customer] who [statement of the need or opportunity] our [product/service] is [product category] that [statement of benefit].

翻译：对于有××需求的××【目标客户】来说，我们的产品是一种 xxx。

示例：For non-technical marketers who struggle to find return on investment in social media our product is a web-based analytics software that translates engagement metrics into actionable revenue metrics.

翻译：我们为那些努力寻找社交媒体投资回报的非技术性营销人员提供一款基于网络的分析软件，可以将参与度指标转化为明确的收入指标。

在实际情况中可以对价值主张进行进一步简化，这种简化可以省略目标客户、背景等信息，比如阿里云数据库，一站式数据库服务专家。

5.3.2　产品介绍

产品介绍的相关知识内容如下所述。

1. 定义

产品介绍，顾名思义，是将产品从方方面面进行阐述，从而介绍给目标用户。产品介绍的用途是最广泛的，不仅仅是应用于销售赋能的场景，还有客户拜访、产品发布等场景也都需要产品介绍的内容。

除了不同场景，产品介绍还要穿插在各个不同的内容之中，可以说所有的内容，或多或少都要用到产品介绍的内容。

此外，产品介绍根据不同的场景需要进行扩展或缩减，比如在高层拜访的时候，技术架构的细节就不需要包含在内，而是多展示市场需求、使用场景和客户价值等信息。

2. 结构

通常来说，产品介绍的内容模块所需包含的基本元素如图5-3所示。

图5-3 产品介绍的内容模块

产品介绍是常见的文档，为了节约版面，这里就不再举例了，大家记得实际写作的时候，不要只夸自己的产品有多好，而是要多展示给客户带来的实际价值。

5.3.3 竞品分析

竞品分析的相关知识内容如下所述。

1. 定义

竞品分析文档是用来展示自己产品与竞争对手产品相比较的优劣势。该文档能够让销售人员明白我们的优势在哪里、弱点在哪里，以便在销售时知己知彼。

2. 结构

通常情况下，竞争分析的内容模块所需包含的基本元素如图5-4所示，可以根据自己的需求进行裁剪或扩充。

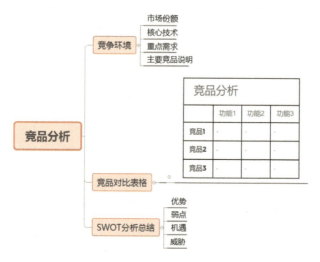

图 5-4　竞品分析的内容模块

5.3.4 销售指导书

销售指导书的相关知识内容如下所述。

1. 定义

销售指导书是 ToB 企业所有内容中最重要的，涉及产品的设计背景、优势、客户价值以及售卖的切入点等信息。销售人员想要更好、更多地售卖产品，都可以从销售指导书的相关内容中得到答案或参考。

2. 结构

从销售人员的需求出发,销售指导书中的内容模块至少要包含如图 5-5 所示的元素。

图 5-5　销售指导书的内容模块

3. 销售指导书示例

下面以《×数据采集与 AI 管理平台销售指导书》为例,详细展示销售指导书的具体内容元素。

×数据采集与 AI 管理平台销售指导书

一、背景概述

数据已经渗透到当今每一个行业和业务职能领域,成为重要的生产因素。人们对于海量数据的挖掘和运用,预示着新一波生产率增长和消费者盈余浪潮的到来。大数据时代的来临,给企业的数据管理带来了巨大的挑战。

(1) 数据安全方面的挑战

人工智能数据的获取有安全合规要求,需用户授权后才能被允许采集和训练，若滥用或通过非法手段获取，容易产生法律风险。

（2）数据质量难保障

数据的质量严重影响算法有效性，企业缺乏专业人员管理和质检手段，导致数据质量参差不齐，数据质量难以得到有效保障。

（3）投入成本高

自建数据采集、标注团队人员规模过大，并且需要一套完整的工具和流程支撑，人力、技术和工具投入成本过高。

二、×数据管理平台介绍

×数据管理平台使用低成本、高效率的众包模式满足客户对AI数据的需求，可采集大量的原始数据，通过快速加工数据，为客户交付标准化、结构化的可用数据，帮助客户训练算法模型、开展机器学习，从而提高AI领域的竞争力。

×数据管理平台产品优势如下。

（一）数据安全合规

市面上唯一一家严格的法务监管流程，安全的私有化数据部署，防数据泄漏的答题管理机制，实时监控和加密的标注设备，保证数据安全无风险。

（二）数据的质量

业界独创严格数据审核机制加上智能审核算法和智能化管理平台，保障数据质量远高于行业平均水平。

（三）业界领先

举证Gartner报告和IDC报告等。

三、产品的客户价值

×数据管理平台产品的客户价值分为面向车企和面向手机厂商两类。

- 面向车企：自动审核、物品识别。
- 面向手机厂商：人脸识别平台。

×数据管理平台产品的整体价值如下。

(一) 降低成本

众包任务分发模式、智能化数据采集与标注工具,实现规模效应和高效作业,从而降低成本约 80%。

(二) ……

四、产品的售卖切入点

×数据管理平台产品的售卖切入点如下。

(一) 客户动机

手机厂商需要快速发布新品以获得更好的市场份额,短时间内自己研发系统不现实,资金投入大、效率低。人脸数据敏感性高、法律风险高。

(二) 引导方案

我们的平台有严格的法务监管系统,并且承诺对人脸采集数据的安全性做出书面保障。采用我们的方案是一个快速、安全和高收益的方案。

(三) 业务决策者动机

降成本、快速发布。

(四) 引导方案

产品快速发布才能抢占市场份额,我们的算法是市面上针对人脸方案最现成的算法,采用的是众包和智能化的数据采集和高效作业算法,能够把数据采集侧的成本降低约 80%。

(五) 技术决策者动机

提升开发效率,学习和应用业界最优秀的算法,技术问题随时咨询解决的服务保障。

(六) 引导方案

AI 技术就是数据领域技术发展的未来,算法方面我们的论文被×××发表很多,可以说是业界前列水平。所有技术问题都有 24 小时服务人员承接,一旦出现问题会尽快解决。

五、产品的典型案例

复用客户案例,参看 5.4.1 节的相关内容。

六、产品的报价

产品不同规格的报价方案如表 5-3 所示。

表 5-3 产品报价方案

售卖内容	目录价
产品售卖模式 1	–
产品售卖模式 2	–
增值服务	–
定制需求	–

七、产品的联系人

产品报价、更多资料等需求信息请联系本公司×××。

5.3.5 销售一指禅

销售一指禅的相关知识内容如下所述。

1. 定义

销售一指禅是对销售指导书的高度抽象和提炼,目标是帮助销售人员快速了解产品的基本信息、竞争优势和售卖方法。由于称为一指禅,因此内容最好不要超过一页纸。

2. 结构

从结构上看,销售一指禅的结构和销售指导书的结构不会差异太大,除了删除不重要的信息,还要注意每个内容模块都要写得非常精炼,多一个字都不要写。销售一指禅的内容模块所需包含的元素如图 5-6 所示。

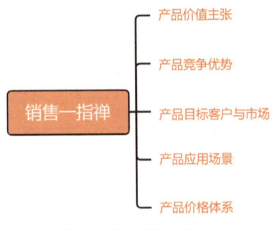

图 5-6 销售一指禅的内容模块

5.3.6 产品规格（功能）说明

产品规格（功能）说明的相关知识内容如下。

1. 定义

产品规格说明是对产品功能、外观、材料、制造方法、性能、功能特性及使用场景等方面进行的详细介绍，通常会包含大量的数据信息。比如，描述一个衣柜，用的材料是什么，是实木还是压缩板，是四门的还是五门的。高度是多少，宽度是多少。产品规格说明应该把用户可能感兴趣的点都列举清楚。比如，购买手机的用户可能关注拍照像素、处理器、内存和运存等信息；购买软件系统的用户可能关注使用环境、支持用户数量和硬件使用环境等信息。

产品规格说明对购买者做出购买决定起到了十分关键的作用。尤其是网络时代，很多消费者并不是去店里直接询问是否有某款产品，而是在网上搜索，通过对产品规格说明所描述的信息来做出决定。这部分的信息就是给市场类信息提供一个证据的内容。你说自家的产品具有超高清的画质，那么产品规格说明里就应该有对视频像素参数的详细数据展示。

很多用户在电商平台购买东西的时候，会略过产品的推广页面，直接打开产品规格说明来看是否符合自己的需求。比如，笔者在双十一的时候想购买一个冰箱，由于对冰箱是否变频很在意，因此每选择一个产品，都要在其推广的页面中略过大量信息寻找产品规格说明，后来索性就不看详情页了，直接定位到产品规格说明版块。产品规格说明的常见结构和元素详细设计如表5-4所示。

表5-4 规格参数说明的结构

文档类型	内容模块	内容元素	示例
产品规格说明	产品简介	产品定义	××产品是一款家用指纹锁
		产品主要功能说明	××产品具有远程访问、设备管理和权限管理三个主要功能
		产品使用场景	本系统通常应用于如下场景。 ● 森林防火； ● 道路监控； ● 矿井监控
	产品外观说明	产品图片	—
		产品部件说明	—
	产品性能参数	产品各项性能表现	
	产品功能列表	产品功能	
	配件	配件介绍	

2. 注意事项

产品规格说明的写作也需要遵守上文中提出的写作原则。不同的行业领域和用户，对产品规格的定义和写作会有很大的不同。

在进行产品规格写作时需要注意如下几点。

1）保持数据的准确性。要注意如实描述，不要夸大，也不能模糊。

2）功能和参数的列举要全面，用户关注的信息都要保留，否则他们会认为该产品没有某项功能。

3）这类内容最主要是给用户提供一个快速参考。如果写的都是大段的文字，可读性就会很差，因此要保持段落的短小精悍。比起浏览短小的段落，浏览长段落会让用户的阅读体验变差。通常用户在看到冗长的段落时，就会望而却步，读也不想读、看也不想看。当一堆文字摆在那里的时候,意味着用户要花费大量时间阅读很多内容才能找到自己需要的信息。

4)善于使用无序列表。任何能写成项目列表形式的内容,都尽量写成项目列表形式。很多的段落,其实都能够以列表项的形式呈现。

5)使用图片和表格来辅助内容的呈现。比如,系统架构图、系统组件说明等都可以使用图表来辅助。

5.3.7 产品/技术白皮书

产品/技术白皮书写作的相关知识内容如下。

1. 定义

对于 B 端企业的从业人员来说,有很大的概率在竞争对手或者供应商的官网上下载过一种叫白皮书的文档,并且仔细阅读过它们。即使没有,那么也应该在相关新闻上看过政府发布的××发展白皮书等相关文档。"白皮书"三个字不是一个陌生的字眼,但是白皮书这么大的内容量,其写作是否有结构套路可循呢?

白皮书最早仅仅是政府文件的一种形式,后来也应用于商业目的,作为企业和领域的权威性报告起到帮助企业宣传推广介绍产品和技术的作用。因此,白皮书从字面上解释为"拥有白色封皮的官方报告书"。

2. 重要性

企业中的白皮书是对某一个产品进行公开说明的企业官方文件。通过该文件,企业可以用一种正规、规范的形式对产品进行发布说明,从而达到很好的宣传效果。早在 2009 年,B2B 营销(Savvy B2B Marketing, http://www.savvyb2bmarketing.com/blog)博客进行了一些调查,得出的结论如下——在研究 IT 领域问题和解决方案时,试用软件和白皮书是最常用的,同时也是最有效的内容形式之一。如果去看企业的官网数据,就不难发现白皮书是受众下载频率最高的媒体文件之一,通常可以用下载白皮书来吸引用户进行注册获取商机。该调查还显示,在潜在的投资者中约 77% 的投资者在过去 6 个月内至少阅读过一份白皮书。在制定科技行业投资策略时,约 84% 的投资者认为科技企业的白皮书对决策有中等以上程度的影响。

Eccolo Media 在 2013 年针对内容营销做了一项调查,来了解哪些内容是硬通货,并且最有说服力。在这项调查中发现约 49% 的调查对象使用白皮书来评估是否应该买入股票。白皮书是最常用的内容形式之一;白皮书排在客户案例、产品宣传册、用户使用指南和视频/多媒体文件之前,是最具影响力的内容营销形式之一;在预售阶段,如果目标投资者不清楚当前产品将要解决的问题,白皮书是最佳的内容展现形式之一;每 10 个调查对象中就有 7 个表示在买入股份后继续接收公司发回的信息对自己来说非常重要。白皮书显然是这些持有股份的人最喜欢的内容类型,紧跟其后的是个例研究和技术指南。

3. 特点

在定义一个对象的时候,需要找到它的 Distinctive Feature(定义特征)。第一,白皮书的作用就是提供公允的信息和分析,虽然所表达的内容一定是有立场的,但是要尽量避免立场,可以讨论一些趋势、现状和未来。第二,要给出问题的答案,解答业界的通用问题和之前一直没有权威答案的问题。因此,提炼<u>白皮书文档的两个特点就是公允性(或者尽量显得公允)和权威性</u>。比如,你所在的行业是该行业的龙头或重点企业,那么就可以写一个 × × 行业发展白皮书。笔者认为,阿里云就非常有必要写一个云原生白皮书这样的内容,来展示在这个领域的领导力。

因此,白皮书需要做到结构清晰、行文规范、文字简练、内容翔实、事实准确、避免感情色彩,这虽然是一个市场内容,但是所有的特点都符合技术内容的范畴。并且记得既然是白皮书,在写作和发布的时候无论是语言还是版面都不要过度装饰,特别是坚决不要华丽的封面,最好就是白纸一张写上标题。

从篇幅来看,很多人认为白皮书的篇幅一定很大,实际上,业界大部分的白皮书包括封面、封底也就 10~20 页。

最后一点,比起其他文档,白皮书是一个需要最多人参与的内容,最好以项目管理的形式来做。

4. 结构

不同领域的白皮书结构会略有区别,下面重点展示 B 端企业最常用的产品白皮书的相关写法。

> **结构示例一：产品白皮书**
>
> 产品白皮书是对当前产品的全面介绍。产品的体系架构、性能和功能都应该罗列在上面（根据优先级分配字数并确定位置即可）。
>
> **一、产品概述**
>
> 产品白皮书的核心是对产品进行整体全面的介绍，那么首先就是产品概述。产品概述主要包含所属公司简介、产品发展背景、市场定位、目标客户群体、技术特点、设计理念、产品组成和运行环境等方面信息。
>
> **二、产品架构与设计**
>
> 产品架构与设计主要包含的相关元素如下所述。
>
> （一）系统架构
>
> 涉及产品的系统拓扑图、各个模块之间的作用及关系、业务流程图和系统时序图等方面。
>
> （二）工作原理
>
> 详细说明产品的工作原理，包括环境依赖、产品逻辑组成等方面。
>
> （三）产品位置
>
> 产品在公司整体产品矩阵中的位置，分为产品横向比较和产品纵向比较。
>
> - 产品横向比较：说明产品与公司内非同类产品是一种什么关系。
> - 产品纵向比较：说明产品与公司内同类产品是一种什么关系。
>
> （四）产品演化和发展
>
> 说明产品的历史以及演化和发展过渡方向。
>
> （五）产品迭代（按照实际需要展开说明）
>
> 说明每版迭代产品所优化、新增的重要功能。
>
> **三、功能模块**
>
> 功能模块主要包含各模块的功能、业务逻辑以及产品功能等方面相关信息。

四、性能指标

性能指标主要包含关键性能参数、一般性能参数以及参数对比（对比竞品和业界水平）等方面信息。

五、产品价值与优势

产品价值与优势主要包含与传统产品的比较、与竞品的比较和与自己旧有产品的比较等方面信息。

六、签名

签名主要包含作者简介、公司概况等方面信息。

七、联系信息

联系信息主要包含地址、座机和手机等方面信息。

结构示例二：安全白皮书

安全白皮书也是 B 端产品常用的一种资料，它需要透传产品在安全方面的能力，完善产品在安全方面做出的种种保证，让客户能够安心选择该产品。

安全白皮书的结构通常包括如下元素。

一、安全隔离

安全隔离主要包含网络隔离、存储隔离和内存隔离等方面信息。

二、权限管理与认证

权限管理与认证主要包含访问权限控制、身份认证和鉴权等方面信息。

三、数据安全

数据安全主要包括防止数据丢失的举措、主备节点、三副本、数据传输时的安全保证和数据一致性保证等方面信息。

四、传输加密

传输加密主要包含数据传输时的安全加密设计、信息传输的加密和全链路加密等方面信息。

五、日志审计

日志审计主要就是对日志功能进行审计。

> **六、安全攻防**
>
> 安全攻防主要就是加强防护功能,比如,防止 ARP(Address Resolution Protocol,地址解析协议)地址欺骗、防盗链和漏洞扫描等方面信息。

5. 流程

比起其他文档,白皮书是一个需要多人参与的内容,最好以项目管理的形式来设计,比如内容团队今年计划发布 5 份白皮书,就需要进行立项,由一个人做统一的项目经理。项目需要拉上相关的主题专家(通常是技术人员)、技术作者、高管和美工设计等人员。通常,一个项目会涉及多个主题专家,而高管通常会进行前言的写作或者对重磅内容进行评论。

项目经理在写作之前应确定工流程,即 SOW(Statement of Work),以确保全文在逻辑上的一致性,避免涉及项目范围的任何误解。项目开始前,需要确认内容主题、任务、目标读者、业界是否已有相关内容、篇幅多大以及创作截止时间是什么时候等相关信息。

5.4 讲客户的故事——解决方案和客户案例的写作

ToB 企业从来都绕不开解决方案和客户案例的写作,尤其是对于高科技型的大企业来说。记得笔者曾经写了一个物流行业的自动化解决方案,在展会上发出了 200 份,就是这 200 份方案,成功地吸引了一个国内排前三的物流公司,之后通过一系列操作最终使其成了我们的大客户。写出产品的解决方案和客户案例能够体现产品在某一个行业或某一种场景下的能力,并告知客户你已经有成功的经验能够解决他们存在的种种现实问题。

客户案例和解决方案严格来说,就是讲客户的故事。能把故事讲好也是一门技术,ToB 企业案例研究是公司展示其解决方案并为客户提供的价值的一种方式。目标是建立证据和信任,让潜在客户对选择和决策感到轻松和有信心。

ToB 公司背后的解决方案有时很复杂,作者很难向客户清楚地解释问题、解决方案和结果，因此 ToB 客户案例的目标是帮助用户确定产品或服务是否适合，建立信任感、提供证据，并在上下文中展示结果或价值，目标是建立证据和信任，让潜在客户感到轻松。

无论是垂直型还是通用型的企业服务产品，都必须明确客户的行业、规模和阶段等信息，这样才能够回答客户案例究竟是给谁看的。

综上所述，客户案例的目标是——当目标客户看到这些内容后，会产生如下的感受。

1）你的产品或服务与目标客户匹配。
2）你清楚目标客户的痛点。
3）你知道该如何解决目标客户的痛点。

5.4.1 客户案例——最有实效和价值的内容

客户案例的相关知识内容如下所述。

1. 客户案例的作用

要问企业的从业者或客户对什么最感兴趣，答案就是他们的同行。比如，华为云会盯着阿里云、百度会盯着谷歌、小米会盯着华为、大华会盯着海康。因为同行往往都是竞争对手，相似的行业和场景也就会面临同样的问题，所以客户案例对于 ToB 企业的从业者来说是个非常有价值的内容，也是企业行为最重要的触发器之一。即使 B 端企业的决策是偏理性的，有非常多的行业研究数据等信息的支撑，但是也通常可以说到了最后的一刻，那个决策一定是感性的。竞争对手做了的事情，而我没做，就会产生巨大的压力和动力。

从这个角度来看，可以说，客户案例是最有效和最有价值的内容。一方面，当我们切入了某个行业的龙头，比如，去推销时如果可以说华为、阿里等大企业都是我们的客户，都用了这套方案，那么对于与其同类的公司来说，跟着巨头走总是没错的，就算后面出了问题也有更好的说辞，这就是从众心理和决策支持者的自我保护意识。另一方面，就是好奇心的趋势，很多企业也想知道别的公司（尤其是行业的标杆）是如何解决此类问题的，这样解决给企业带来了什么收益，决策人是不是没有意识到自己在这一方面的痛点。

客户案例重点作用于客户生命周期的前端，就是了解、考虑和转化的阶段，但这三个不同阶段的用户对客户案例的需求和阅读的侧重点是不一样的。

（1）了解阶段

客户刚刚知道你的公司有相关的产品和服务，可能对于自身问题都不甚明了，也缺少对你提供的产品或解决方案的深入了解。但是如果有相关的信息，让他知道他的竞争对手在用你的方案，就很容易进入销售漏斗的下一个阶段——考虑阶段。

在了解阶段，所提供的客户案例应该更高瞻远瞩，突出故事性，加强可读性，重点展示行业和场景，以及在这些背景下如何解决客户的问题。比如，"传统企业如何进行数字化转型"的故事，"社区电商利用大数据实现产品增长"的故事，"城市交通通过数字化更加便捷"的故事。客户读完案例，能认识到自己确实也有这方面的痛点或需求，如果还没有跟上趋势就会落伍了，而该产品或解决方案在这个领域和场景下对他而言是非常有价值的。

（2）考虑阶段

当客户进入考虑阶段，说明他们已经准备购买相关产品了，虽然你也进入了他的视野，但是他买谁家的产品还是个未知数。此时客户已经对自身问题有了深刻认识，并且会积极查阅各种信息、收集多种资料，期待找到适合自己的解决办法。这时要向用户深入传递你的产品和解决方案的价值。

在考虑阶段，客户案例应该更加细致具体，将用户的场景、需求、痛点和产品的价值关联。这个阶段，不适合再用讲故事的方式调动用户的情感，而是要加深客户的理性认识。因此，考虑阶段的客户案例就要明确展示用户场景和产品解决方案相匹配，突出产品价值。既要做到用户场景和产品的贴合，内容上也要有一定的深度，表达上选择用户易于接受的语言，突出产品为客户能够做什么以及产生什么核心价值。

（3）转化阶段

在购买转化的过程中，客户案例同样重要。ToB产品的售卖往往有个严格的招投标过程。这时候，一个标准化的客户案例就可以放在标书中作为产品的投标筹码。此时的客户会反复要求我们提供自家产品各种性能、功能和价值等相关方面的证明，客户案例就需要与场景化的最佳实践进行结合。比如，某客户通过大数据产品实现用户数量迅猛增长的客户案例，进而增加一个最终能够呈现数据看板的实操体验内容，就是对整个客户案例最好的补充和证明了。

2. 什么样的客户需要写客户案例

所有客户的使用案例都值得我们记录，但是不同客户案例的影响力区别是巨大的。我们经常会遇到很多一线销售或市场人员拿下客户就想写与其相关的客户案例，这个无可厚非，对于打下同类的市场也是非常必要的，但是从传播的角度来看，客户案例的深度和广度都有很大的区别。

(1) 客户案例的三个维度

在写客户案例的时候要看如下三个维度。

- 客户在市场中的地位。客户是不是行业龙头企业、上市公司、行业标杆或独角兽等。

- 客户对我们产品和解决方案的使用度。即使对方企业实力再雄厚，但不是自家产品的核心使用场景，也不是特别想实现销售的一个场景，这个客户案例的价值也会大打折扣。

- 客户的配合度。如果客户并不愿意为供应商站台，那么就不能使用该客户案例。通常来说，在合法的框架之内获得一个客户案例授权通常不是什么难事。

(2) 客户案例的四象限

根据客户的配合度，就可以明确案例要用什么结构（有关客户案例结构的知识参看下一小节），是复杂的结构，还是简单的结构；是要内部传播，还是要对外传播；是用自己的官网进行展示，还是邀请付费媒体共享展示。这就涉及如图5-7所示的客户案例四象限的相关知识了。

- 高价值高传播案例：毋庸置疑，高价值高传播这类案例就是我们要在基础信息上深度挖掘的内容。一般来说，涉及客户的拜访、采访和沟通等关键信息。

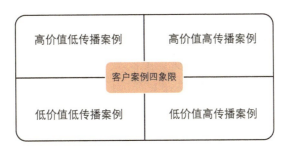

图 5-7 客户案例四象限

- 高价值低传播案例：高价值低传播这类案例是指虽然该企业用了我们很多产品也是重点客户，但是其不是行业龙头，不具备代表性、传播价值较低。这类客户的案例，适合用最基本的结构在企业内部进行传播，也就是说写给销售人员看，为他们在售卖时提供启发、帮助和信心。
- 低价值高传播案例：低价值高传播这类案例可能会有一定的风险，低价值代表着对方未深度使用我们的产品，也可能同时意味着对方也没有强烈授权传播的意愿。对于这类案例内容，一定要谨慎，保持跟进，等真正有了合适的业务场景之后再进行写作和传播也不迟。
- 低价值低传播案例：对于低价值低传播这类案例，笔者的建议就是不要投入精力写作了。

3. 客户案例的结构

客户案例最基本的结构是在介绍完客户之后，一般用"病、药、效、托"四个字来进行搭建。不论在上一小节中分类出来的什么类型的客户案例都适合这四个字的搭建方式。

- 病：客户的痛点和需求。
- 药：我方解决方案。
- 效：客户收益。
- 托：客户的感受和证言。

切记，任何一个完整的客户案例都不能少了这 4 个模块（字）的信息。

针对高价值高传播的案例还要深挖客户故事，达到与读者的共情。这就需要在基础的结构（骨骼）之上，不断填充内容（血肉），让其变得丰满充实。而且，我们还可以生产更多的"结构件"，就像原本只有一个卧室、一个厨房和一个洗手间的房屋其实是可以满足人类居住的基本需求的，但是一间优质的房屋，应该还有会客厅、餐厅、书房等空间。最好的结构化内容，是"心中有剑而手中无剑"，也就是客户被内容所吸引而忽略结构。

此外，除了在结构和内容上的深挖，还要记得在不同的场景下，人们期待消费的内容在数量、形式、花费的时间以及付出的情感等方面都是不一样的。此时，除了文本内容的写作，还需要拥抱新媒体，比如，以视频、动画和音频等模式讲出客户的故事也许会收到更好的效果。

4. 客户案例写作步骤

确认好客户案例的结构之后就可以进入如下的写作流程了。

（1）结构化信息收集

ToB产品的内容基本都是合作式产生的，掌握信息的人可能不懂内容运营，懂得内容运营的人又不懂得技术主题。笔者见过的企业中，逼着产品经理和售前工作人员"交作业"的内容运营人员，其业务价值常常受到质疑，别人会认为他们只是一个出作文题目的人，发号施令然后等着"收作业"。而且即使这样收上来的作业也是良莠不齐的，根本无法保证质量。因此，如果想到减轻提供信息的同事们的负担，并且能够保证收上来的内容是标准化的，那么就需要给他们提供一个具备一定结构化、标准化的模板。表5-5所示为一个客户案例信息收集表的基本框架。

表5-5 客户案例信息收集表基本框架

客户案例信息收集表	
客户基本情况	
客户企业名称	
客户简称	
行业	

(续)

客户简介			
客户地位			
客户需求与痛点			
需求背景：			
1. 痛点1：	2. 痛点2：		3. 需求1：
我方解决方案			
方案概述	方案特点		方案架构
使用产品			
产品1： 产品1描述	产品2： 产品2描述		产品3： 产品3描述
客户利益点			
用后对比（与上面需求和痛点对应）	直接收益（建议以数据方式进行展示）		
针对痛点1 针对痛点2	针对需求1 针对需求2		
客户感受			
客户觉得如下功能很棒（选填）			
1. 2. 3.			
客户评价			
角色1：	角色2：		角色3：

表5-6所示为根据表5-5的客户案例信息收集表进行相关信息的填写和完善后的示例。

表5-6 客户案例信息收集表示例

客户案例信息收集表	
客户基本情况	
客户企业名称	xx汽车集团有限公司
客户简称	x汽

（续）

行业	传统车企
客户简介	中国第 x 汽车集团有限公司（简称"中国 x 汽"）前身为第一汽车制造厂，成立于 xxxx 年，新中国第一辆卡车和第一辆轿车均诞生于中国 x 汽。经过 60 多年的发展，中国 x 汽已成为年产销 300 万辆级的国有大型汽车企业集团，产销量始终位列行业第一阵营。2021 年，中国 x 汽实现营业收入 xxxx 亿元，利润 xxxx 亿元，位居《财富》世界 500 强第 xx 位
客户地位	世界 500 强、行业龙头、大型国企

客户需求与痛点

需求背景：新基建战略、国产化转型、企业效率提升

1）随着业务不断扩大，出行服务、车辆远程控制等数据也越来越多，在本地城市构建数据中心的模式成本过高，难以为继	2）研发部门有数千名员工，担负着集团核心研发任务。研发人员之间的协同效率有待提升	3）本地老旧设备现存很多，进行数字化转型需要重点考虑利旧

我方解决方案

方案概述	方案特点	方案架构
构建统一的混合云作为集团数字化转型的云底座，支持微服务和容器等高阶服务部署，满足中国 x 汽企业办公、数字化营销、车联网和智慧出行等业务部署要求	混合云部署助力数字化转型，保证业务部署和数据安全的基础上，充分考虑利旧	架构图（略）

使用产品

产品 1：混合云产品 为什么使用产品 1	产品 2：桌面云产品 为什么使用产品 2	产品 3：桌面工具 为什么使用产品 3

客户利益点

用后对比（与上面需求和痛点对应）	直接收益（建议以数据方式进行展示）	
混合云提供从芯片到硬件云服务的全栈云服务能力，兼容标准 OpenStack 接口，降低业务迁移风险；随公有云持续演进，保证平台先进性，满足客户全面数字转型诉求	研发人员通过接入桌面云，可以随时随地连接研发平台，提升工作效率。在 FusionAccess 的助力下，2021 年初，研发部门成为中国 x 汽最早复工的部门之一	混合云构建信息基础设施平台后，建设成本降低约 50%

(续)

客户感受		
客户觉得如下功能很棒（选填）		
1. 2. 3.		
客户评价		
角色1：研发总经理：李总	角色2：	角色3：
李总表示，使用混合云构建信息基础设施平台后，建设成本降低约40%	无	无

（2）内容写作与组合

通过以上表格，就可以从销售、架构师等可能有相关信息的同事那里收集足够的内容，然后将这些内容组成一个标准化的客户案例了。而他们也不必像以往那样感觉无从下笔，就算绞尽脑汁写一篇"作文"交上来还不符合要求。下面展示相关内容的写作示例。

示例一：根据表5-5和表5-6中的相关信息组合出的客户案例。

> **客户案例——中国第 × 汽车集团有限公司的数字化转型之路**
>
> 中国第 × 汽车集团有限公司（简称中国 × 汽）前身为第一汽车制造厂，成立于 ××× 年，新中国第一辆卡车和第一辆轿车均诞生于中国 × 汽。经过60多年的发展，中国 × 汽已成为年产销300万辆级的国有大型汽车企业集团，产销量始终位列行业第一阵营。2021年，中国 × 汽实现营业收入 ××× 亿元，利润 ××× 亿元，位居《财富》世界500强第 ×× 位。
>
> 在"新基建"国家战略的引领下，中国 × 汽结合集团战略的发展需要，计划构建统一的混合云作为集团数字化转型的云底座，支持微服务和容器等高阶服务部署，满足企业办公、数字化营销、车联网和智慧出行等业务部署要求。最终，中国 × 汽选择我公司作为数字化转型伙伴。

一、业务挑战

（一）云平台缺乏统一管理，运维能力不足

随着业务的不断扩大，出行服务、车辆远程控制等数据也越来越多，在本地城市构建数据中心的模式成本过高，难以为继。应用需要在本地设备和公有云之间无缝迁移。

（二）研发人员办公效率有待提升

研发总院有数千名员工，担负着集团核心研发任务。如何保证研发人员之间的高效协同，是该公司要解决的重点问题。

二、解决方案

构建统一的混合云作为集团数字化转型的云底座，支持微服务和容器等高阶服务部署，满足中国×汽企业办公、数字化营销、车联网和智慧出行等业务部署要求。

（一）混合云

混合云是位于政企客户本地数据中心的云基础设施，为政企客户提供在云上和本地部署体验一致的云服务。系列化版本满足传统业务云化、大数据分析与AI训练，建设大规模城市云与行业云等不同业务场景的客户诉求。

（二）桌面云

桌面云面向政企数字化办公场景，基于云平台、桌面云软件及ISV（Independent Software Vendors，独立软件开发商）伙伴提供的操作系统和办公应用生态提供云桌面服务。

三、业务价值

（一）远程运维，减少基础设施投资

混合云提供从芯片到硬件云服务的全栈云服务能力，兼容标准第三方接口，降低业务迁移风险；随公有云持续演进，保证平台先进性，满足客户全面数字转型诉求。

（二）提升研发人员的工作效率

研发人员通过接入桌面云，可以随时随地连接研发平台，提升工作效率。在桌面云的助力下，2021年初，研发部门成为中国×汽最早复工的部门之一。

四、客户感言

研发总经理李总表示："使用混合云构建信息基础设施平台后，建设成本降低约40%。"

示例二：下面是另一篇写作水平比较高的客户案例，可供读者参考。

客户案例——全域数据智能分析，助力点触打造精品游戏

××科技股份有限公司（以下简称"××科技"）成立于2013年，是一家以历史养成类游戏研发与发行为主，专业从事手机游戏的策划、研发、制作和商业化运营的创新型发展公司。公司成立以来，已经成功研发出《叫我万岁爷》《我在大清当皇帝》《Game of Sultans》《Game of Khans》等多款历史题材类游戏。公司多款游戏产品月流水破亿元，是历史养成手游行业的先行者。

一、业务挑战

（一）数据源多

游戏的数据除了游戏客户端埋点采集的数据，还包括游戏服务端接口采集的数据。当前各种数据较分散，没有做到理想的关联分析。

（二）资源利用率低

游戏数据分析是典型的T+1场景，通常当天凌晨开始计算前一天的数据，比如从凌晨1点~6点，白天计算资源处于空闲状态，资源利用率不高。

（三）数据安全

数据需要被运营部门、发行部门和产品部门等多个部门使用，数据中包含很多玩家相关的敏感信息，如数据传输、存储和分析过程需要保障数据安全。

（四）多人协作困难

多个部门及相关的多个开发人员都要同时使用数据开发平台，需要开发平台支持脚本、作业多版本能力以便更好地进行版本管理、异常回退等操作。

二、解决方案

点触科技大数据团队与华为云合作，使用智能数据湖平台 DLI + DGC 的跨源联邦分析、弹性扩缩容和细粒度权限管理等能力可以快速解决业务痛点，其中约 80% 以上的作业都通过标准 SQL 快速完成了开发，在提高开发效率的同时，大幅提升了游戏数据分析平台对业务决策的支撑效果。

三、客户价值

（一）提高玩家留存率

点触科技使用华为云数据湖探索 DLI 跨源联邦分析能力，打破多个数据源之前的数据孤岛，玩家用户画像更全面，有效地提高了玩家留存率。

（二）降低开发门槛

Serverless 化的数据湖探索 DLI，屏蔽底层复杂的安装运维，用户使用标准 SQL 就可以进行业务开发，降低了开发门槛并提高了开发效率，聚焦真正核心的业务创新。

（三）降低计算资源成本

数据湖探索 DLI 内置弹性扩缩容能力，根据 T+1 业务特点设置定时扩缩容，晚上资源扩容白天资源缩容，大大降低计算资源成本。

（四）提升协作效率

数据湖治理中心 DGC 支持脚本、作业多版本等能力，开发人员可以通过版本管理提升日常开发效率，任务出错时也可以回退到正确版本，快速恢复系统。

四、客户证言

"应用华为云的大数据解决方案，释放了大数据平台底层运维管理的压力，使点触大数据团队更聚焦于业务，快速响应数据分析诉求，深入挖掘数据价值。我们希望通过使用华为云 DLI 和 DGC 产品，助力点触大数据团队，为游戏产品带来更多的数据洞察。"

——点触科技副总经理 ×××

在内容写作过程中时，除了根据客户的价值做出要不要写客户案例的决策外，还要根据传播的渠道和客户的价值来决定是否需要在标准化信息中，再挖掘出深度的稿件。如果不需要深度稿件，那么，这样一个精炼又全面的客户案例就完成了。

当我们遇见高价值高传播的客户案例，就要去挖掘客户的相关案例了。

(3) 验证与评审

所有的 ToB 产品内容，一定要包含两个评审，也就是技术评审和内容评审。

- 技术评审关注的是产品的使用、解决方案的技术架构和客户带来的收益数据等信息，重点在于准确性。
- 当结构化完成后，内容评审关注点如下：一看结构是否完整；二看行文逻辑，比如痛点、需求和收益有没有对上，客户的感言和客户的收益有没有对上；最后再看语法等问题。

(4) 发布审核

一般媒体的新闻稿是要经过三审三校的，但是在企业里可能会稍微少几个步骤。技术评审和内容评审通过之后，就可以发布了。发布的时候需要定下来发哪里，是企业内部传播还是对外传播，如果包括对外传播，那么对外通过什么媒体来进行传播。还要考虑发布到哪些社区，是否可以在媒体活动中进行展示等更加细节的问题。

5.4.2 客户故事——客户案例的变体

故事是通过将一系列简单的事件联系起来而产生的，然后通过这样的联系产生各种意义。人类对故事的胃口是不可餍足的，故事在人们的生活中显得无比重要，吸引大家"刷"个不停的短视频、电视剧或综艺节目，其实都是故事。人们的生活浸润在故事之中，故事也宣扬了我们的文化，屈原投江、夸父追日，这些文化都在故事中得以传承。笔者认为，客户故事是客户案例的升华体，要想完成一个好的客户故事，需要天时地利人和等因素，客户的地位要高、质量要好、对产品要有深入的使用，同时与客户的关系也要好，要求他们对宣传有很强的配合度。客户案例是高度概括的和简洁的，它可以标准化，但是客户故事一定要用讲故事的手段进行创作，要有情感色彩，从客户的角度增加读者对产品的喜欢。虽然写作故事有一定的方法和套路，但是标准化的程度要低得多。

1. 客户故事的作用是什么

和任何内容类型的讲解一样，我们也来看一下，为什么要有客户故事。首先，在上文中讲到的标准化客户案例对于产品销售来说是不是就足够了？答案是也许是真的足够了。比如，把产品说明印刷成小册子，放在官网上，大量的内容是很难吸引客户读下去的。简洁有力的内容有其自身的优势，但是当这个客户的企业规模足够大，足够有标杆效应的时候，我们会向更多的媒体进行发布，一个优秀的客户故事可以增强品牌可信度与销售转化，而糟糕的客户故事可能只会引发吐槽。

客户故事和客户案例的功能大致是一样的，但也有很大不同。总体来说，客户案例能够让客户在短时间内得出一个结论，比如，当前产品能不能解决问题，但是客户故事却可以对客户的心智有长远的影响。

首先，客户故事可读性更强，大部分人都喜欢看别人的故事。客户案例虽然可以让读者快速得到信息，但是总给人一种生硬、晦涩的感觉。客户故事则可以通过强烈的共情吸引读者，提供更多吸引客户注意力并产生好感的细节。有时候打动客户的不是那些大的功能点，而是一个个小的细节。笔者记得有一次负责公司CMS（Content Management System，内容管理系统）的采购时，一位供应商给我看了他们某个产品的客户故事。里面有一段说到他们的产品系统对表格的处理描述：表格有时候是个大麻烦，如果样式表和发布引擎不兼容就会出大问题。一套CMS大部分的功能和利益点其实大同小异，各个厂商基本都一样，但是当我读到这样的细节内容时，就能感受这个企业对细节的关注和对于真正由小痛点引起大麻烦的描述是真实可信的，也因此相信他们是真的有丰富的相关经验的。

其次，客户故事比起生硬、晦涩的客户案例，更适合在付费媒体进行传播。当然这个不是绝对的，还是要看具体的情况。有时候还需要使用新媒体技术，比如，采用视频、动画和信息图等更加灵活的形式。故事的传播性也好过干货，干货放入故事的载体中，就会得到更好的传播。

最后，客户故事能够将读者带入情境中，比起只讲干货，它更加吸引人并产生共鸣，在情境中体验的情感和氛围也会让读者难以忘怀。

2. 使用讲故事的方法

写客户故事绝对是门技术活，讲故事是最古老的改变思想的方法之一。

(1) 通用故事方法套路

既然是故事，就不要只是生硬地列出"问题"和"解决方案"，而是要加入情感，让客户或读者能够切实体会到这些问题。比如，描述问题的时候，举例说明解决问题过程中进行种种方法尝试后的失败情景，展示客户在处理这个问题时所经历的思想斗争和挣扎。虽然不需要对客户故事进行过于戏剧化的处理，但讲故事终归有助于客户或读者静下心来阅读，获得更好的信息体验，而不是简单的快速浏览。

看到这里大家一定觉得写客户故事非常难吧。确实，非常难是没错的，但是并非毫无套路可循。幸运的是世界上从古到今，许多故事都是以"人物克服一个障碍"这个模式展开的，如图 5-8 所示。

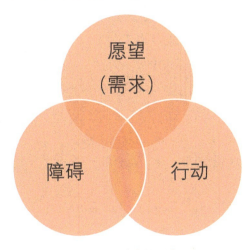

图 5-8 故事的要素

比如，四大名著中西游记的故事模式，就是唐僧取经的愿望，被众多妖魔鬼怪和充满天险的路途阻碍，最终通过克服九九八十一难而达成的故事。卖火柴的小女孩，她的愿望就是希望得到温暖，想念家人，障碍就是目前所处的寒冬、贫穷和孤独的处境，克服障碍的行动就是划亮手里的火柴从而得到温暖，梦里看到各种食物，从而抚慰饥饿，临终之际看到祖母带她去天堂，得到了家人的爱。只要读者仔细看，都能看到故事中的愿望、障碍和克服障碍的行动。

对于行动来说，通常的故事套路有如下 3 种。

1）求助他人，比如，常用的一个西游记中"猴子的救兵"的梗。

2）抓住对手的漏洞，比如，一项竞技比赛，相差悬殊的选手，弱的选手通过抓住漏洞而获胜。典型的就是火烧赤壁的故事。

3）通过聪明才智或个人努力取得成功，比如，空城计的故事。

故事成功的关键就是利用符合人物特点的行动克服了障碍。比如，在西游记的故事中，每次都是孙悟空去搬救兵，显得很合理，但如果每次都是唐僧去搬救兵就显得与人设不符。因此，在创作客户故事中，主人公也一定要做出符合自己人设的行动。

(2) 客户故事方法套路

创作客户故事时，首先要描述客户的愿望。注意，故事是一定要有主人公的，不要认为客户故事讲的就一定是对方的企业，也可以是对方企业里的人（如 CEO、CTO 和运维负责人等），他们有什么样的困难和阻碍，又是如何克服这些困难取得成功的，都是好的客户故事题材。

为了让客户故事更加吸引人，如果场景合适并且符合事实的话，甚至可以在案例描述中添加悬念或刺激内容，让故事变得更有张力。

1）通过提高筹码来增加故事的悬念和张力。

2）危险也是增加故事悬念的有效方法，比如，在客户故事中强调数据丢失的风险。

3）突出时间的紧迫性，人们常常会被电影中定时炸弹的倒计时和绑匪限时撕票的情节深深吸引。

4）无奈感和无力感，人物有目标却无法展开行动。

5）未知的东西会让人感到恐怖和刺激，拆盲盒就是利用了这种心理。

应用讲故事的模式和增加张力的方法，就要随着故事展开，进入客户如何解决问题并克服困境等相关情节。这些情节安排的目的在于，客户或读者了解你的业务到底能够解决他们哪些方面的需求，从而帮助他们在其中找到适合的方案。在故事的结尾，不应该喋喋不休，潜在的客户应该了解故事中的客户到底发生了什么，以及你的公司是如何成为救世主的。

客户故事除了使用传统的讲述故事的方法：愿望、阻碍、行动之外，可以再进行具象化一些的描述。比如，运用著名的 SCQA 模式。

- S（Situation，背景）：背景信息应当为完全客观的事实再现，不包含任何分析判断或主观倾向。
- C（Conflict，冲突）：冲突均源于现状与目标之间的差距，欲望和痛点都在这里陈述。
- Q（Question，疑问）：在差距中引出疑问，从而锁定所要解决的问题。
- A（Answer，答案）：在界定问题后自然给出决策选择（即答案）。

实际设计时，以上这些内容模块可以灵活排序和使用，如"标准式——SCA""开门见山式——ASC""突出信心式——QSCA"等。

3. 永远不要忘记核心元素

当创作客户故事感到无从下手的时候，就可以先用客户案例内容的核心元素勾勒出内容轮廓，比如，利用上一小节提到的客户案例信息收集表，可以先写存在问题、解决方案和最终成果。然后逐步从问题入手，用讲故事的方法，慢慢把这些元素一个个呈现出来说清楚。接着开始铺陈提供的解决方案，这就是另外一个重要元素了。最后，逐条描述取得了什么样的成功。

4. 可以加上数据

读者读完客户案例时，可能会对产品或服务非常感兴趣，这时就可以用相关数据对他们的心智进行强化。数据是非常能够夺人眼球的内容，并且常常是用户在页面中看到的第一个内容。甚至有人只想看数据，但是也有人想看伴随着事实和故事的数据。

5. 用图片和视频等新形式

很多 ToB 产品的客户都会要客户案例，但这并不意味着他们真的想阅读,有时他们只是想从更多方面了解产品。融入了表格、图片和视频等新形式的客户故事会更加吸引人,也会产生更高的阅读体验。比如,当给用户介绍一个概念之后,最好是提供一张图片来帮助他们真正理解这个概念所描述的信息。

6. 一定要以行动召唤为结尾

当有了完整吸引人的客户故事,并在其中添加了充分的数据和全面的图景,基本上整个客户案例就可以结束了。

能够在结尾处做出总结是很重要的,比如,发生了什么事情,取得了什么成功等,最终总结出来一个行动召唤。这也自然而然就把客户或读者引领到购买流程的下一个阶段,从而和流程的下一步进行交互,并以你希望客户或读者做的动作为结束。永远记住,客户故事就是为了得到新的客户,因此行动召唤必须清晰和直接,这样客户才知道需要做什么。

调查显示有三分之一的内容生产者认为客户故事是很难写的内容。即使是ToB的企业,也常常会涉及把很难理解的概念跟用户解释清楚的情况,因此相对轻松、有趣的客户故事仍然是最有效的获客内容。

5.4.3 解决方案的写作

解决方案也是一个至关重要的内容,对于ToB产品来说,试用的成本是非常高的,解决方案文档就是一个企业对客户的技术交底、服务承诺以及业务能力的展示。解决方案的定义如下:解决方案是针对某些已经出现的或者可以预期的问题、不足、缺陷和需求等,提出的一个解决整体问题的方案(如,建议书、计划表),同时能够确保快速有效地执行该方案。解决方案本身是可以和产品一样进行售卖的,注意在本书中不讨论可以作为商品出售的解决方案,而是就解决方案文档的写作方法进行讲解。

解决方案通常会分为行业解决方案和场景化解决方案,也有一种通用解决方案,而笔者并不赞同"通用解决方案"这种说法,因为已经到了解决方案这个层级,就需要有明确的行业和场景属性,要有对行业和场景的深入理解,能提出正确的问题才能真正解决问题。而通用解决方案通常是无所不包的,任何无所不包的文档其实换个角度来说就是"四不像",没有明确的行业和场景意味着没有明确的读者,也不属于社会分工的任意一环。一般企业官网上如果既有行业解决方案,又有通用解决方案,那么,往往行业解决方案的阅读量要更大一些。

1. 解决方案的作用

在整个的客户对企业内容的使用旅程中,解决方案属于售前资料,在转化决策之前,客户会通过解决方案了解对方公司的技术实力、业务思考、是否有落地的成功案例,以及是否有 Turnkey Solution(整体解决方案、交钥匙方案),这也是 B 端客户通常面向复杂业务这个特点决定的。解决方案作用于了解、考虑和转化三个阶段(和 5.4.1 节的三个阶段有些类似)。好的解决方案能够将产品组合和客户业务进行有逻辑的连接,塑造企业在该行业和场景下的"精装修"能力,帮助客户解决心中的疑问,塑造用户的心智。

解决方案是技术内容和市场内容的深度结合,它作用于售前,同时具备知会(Informative)、指导(Instructional)和说服(Persuasive)三个功能。

一个好的解决方案应该包含如下 4 个特点。

- 看:看了内容后来咨询购买从而产生商机。
- 用:看了之后觉得内容可以拿来说服决策者。
- 悟:观点影响心智,并有所启发,加深品牌的印象。
- 学:干货满满,学到知识和方法。

这就要求写作的时候要做到有见地、有干货并能引流。

之前也提到过,笔者曾经在一次展会上发了 200 份印刷的解决方案文档,就靠着这 200 份文档,给我们带来了一个快递行业的大客户。

(1)了解阶段

客户刚刚知道你的公司有相关的产品和服务,但缺少对你提供的产品或解决方案的深入了解。这时让客户阅读解决方案能够加深对产品和服务能力的了解,对技术架构、应用场景以及客户案例都能有明确的认知。

这个阶段,行业解决方案就非常重要,因为客户首先是要看你对他所在的行业是否有深入的了解,并且也指出行业的趋势,给客户一些高屋建瓴的方向型内容。

(2) 考虑阶段

当客户进入考虑阶段，说明他们已经准备购买，并且开始与多个供应商进行对比了。此时客户已经对自身问题有了深刻认识，而且会积极查阅各种信息并收集多种资料，期待找到适合自己的解决办法。这时要向用户深入传递你的产品和解决方案的价值。

因此，在考虑阶段，解决方案要突出产品价值，清晰指出痛点、技术方案和架构，以及重点难点如何攻克和解决。

(3) 转化阶段

在购买转化的过程中，客户案例同样重要。ToB 产品的售卖往往有个严格的招投标过程。解决方案文档有时也会放在标书中参与投标的工作。

2. 解决方案的结构设计

解决方案虽然具备市场内容的特点，但是由于其带有技术内容的属性，更应该是一个结构严谨的内容，要事先确定内容的结构，让写作的人可以做填空题。

之前讲解了内容结构设计的方法，一个是自上而下，一个是自下而上。当无从下手的时候，可以找几个比较好的解决方案进行自下而上的抽象，来抽象出它的结构。读者可以根据前面教的方法设计适合自己企业的解决方案结构。一个好的结构能够帮作者快速理清思路。不过也要时刻记得，结构不是万能的，也不是通用的，更不是一成不变的。要根据内容的目的、功能和读者对象等随时进行灵活变化。如下的模板仅供参考。

解决方案的结构设计模板

- 前言部分

描述解决方案的大背景、需求和方案概述。通常包括行业趋势、发展断言和 KOL（Key Opinion Leader，关键意见领袖）观点等。如果服务对象是政府部门，政策、法规也是 ToG（政府客户）方案中常见的内容。

- 适用读者对象（可选）
- 问题与挑战

详细罗列行业遇到的问题与挑战。

- 解决方案

针对上面的问题与挑战,我们能提供什么样的产品和服务来解决,大致包括如下几方面。

  - 方案设计
  - 方案架构
  - 方案操作流程
  - 方案关键步骤

- 方案使用产品

  - 产品功能介绍
  - 产品更多资料链接

- 方案优势解读

尽量以数据和表格进行展示。

- 成功客户案例

有相关案例的话,一定要列出。大部分企业都不想做尝鲜者,有成熟案例落地的话,客户选购的概率就会高很多。

- 常见问题解答

包括安装、操作、升级和后期修复等方面。

内容结构的颗粒度,可以越来越细化,因为当你越来越懂这个行业,越来越懂你的领域知识,就能设计出更加细致的结构。

笔者原本想给出更加细化的结构,但是很多行业的解决方案都不太一样,内功心法比具体信息更加重要。下面,笔者用最具有代表性的前言部分做一个示例,如果这一部分都知道如何添加结构元素了,那么其他部分就信手拈来了。

3. 前言部分的结构颗粒度细化

前言部分要解决的问题是告诉客户或者读者为什么会有这样一个解决方案,既然是回答为什么的问题,就需要把问题放在整个大背景下面去看,然后再具体地看有什么需求,最后引出解决方案。这部分的结构设计要充分运用结构化思维和5Why分析法(又称"5问法",也就是对一个问题点连续以5个"为什么"来自问)来进行内容元素的设计。前言部分需要突出解决方案存在的大背景和解决方案的概述,其结构信息可以包含如下元素。

1)行业趋势:行业趋势的写法最好能够引用权威机构和行业的分析断言。

2)行业趋势的驱动因素(追问一个 Why),技术、政策、人口、市场成熟度和用户心智等都是常见的驱动因素。业界也有成熟的可供参考的 PEST 分析模型。

3)在行业趋势大背景下面,企业普遍存在的问题和需求是什么?

4)我们推出的解决方案即可满足这些需求。

有了以上 4 个基本元素,就可以明确为什么会有这样一个解决方案。

当然作者也可以扩充更多信息。比如,可以针对需求部分继续追问,涉及降本增效的方面,就追问自己一句,为什么要这么做?答案可能是经济大环境不好或者企业发展的需要等。然后就能继续往下写了。

在撰写任何行业解决方案的时候,背景都是对行业的分析和理解。这种对行业的分析,在业界是有现成的结构化工具的,称为 PEST 分析模型,涉及政治(Political)、经济(Economic)、社会(Social)和技术(Technological)这四大类影响企业的主要外部环境因素。之后,有学者将它扩充为 PESTEL 分析模型(又称大环境分析,是分析宏观环境的有效工具,不仅能够分析外部环境,而且能够识别一切对组织有冲击作用的力量)。其中,E 是环境,L 是法律。如果大家感兴趣,可以多看一些研究机构和咨询公司对行业分析的报告和分析的方法思路方面的相关资料。

4. 解决方案的写作步骤

解决方案的具体写作步骤如下所述。

(1)信息收集

ToB 产品的内容建设,一向都是由多人合作进行的,并且在之前的内容审计部分中也提到,一定有很多现成的内容可用,从 0 到 1 编写文字的过程很痛苦,如果有现成的文字拿来使用自然会轻松不少。因此,第一步我们要做的就是收集信息。如果刚好遇到一位即会写作又懂技术的人那你很幸运,否则,还是要用信息收集表来帮助自己完成内容创作。

就像结网打鱼一样,要一遍一遍把网撒下去,慢慢收回来一些。如果收回来的不够有效,还需要再把网织得密一些(结构的颗粒度变小),或者再把饵料撒得足一点。

第一次收集的内容要尽量多,这样才有发挥的空间。方案中使用产品的部分,就可以把产品手册中的内容加进来。发相关内容模板给参与写作的人,比如,售前工程师或研发人员等,甚至有些公司的前言部分都是让高管亲自撰写或者署名的。

结构设计好后,就可以用 Word 做一个类似于下面的内容模板发给参与的同事(该内容模板与上一小节的"2. 解决方案的结构设计"中展示的解决方案的结构设计模板大致相同,只是增加了填充信息)。

示例:解决方案的内容模板

- 前言部分

请给解决方案一个概述,描述解决方案的大背景,通常包括行业趋势、发展断言、KOL 观点等;政策、法规也是 ToG 方案中的常见内容。可以查阅对应领域书籍、白皮书、研究院报告、权威机构的报告,如 Gartner 或 Forrester 等。

- 适用读者对象(可选)

请写出谁是这个解决方案的读者:包括读者的行业、职位等。

- 问题与挑战:行业遇到的问题与挑战。

请简要描述行业现状并提出与我们产品和服务相关的问题与挑战。

- 解决方案

针对上面的问题与挑战,我们能提供什么样的产品和服务来解决。
  ○ 方案设计
  ○ 方案架构
  ○ 操作流程(可选)
  ○ 方案关键步骤(可选)
- 方案使用产品
  ○ 产品功能介绍(可以附上官方产品文档)

○ 产品更多资料链接
● 方案优势解读
描述此解决方案存在什么优势，尤其是与众不同的地方，给读者选择你的理由。
● 成功客户案例
有相关案例的话，一定要列出，大部分企业都不想做尝鲜者，有成熟案例落地的话，客户选购的概率就会高很多。
● 常见问题解答
进一步解答用户可能存在的疑问，比如术语的解释等。

（2）写作输出

通过上面介绍的各种信息收集方法，可能会得到一些有用的信息，但是也常常会受到合作同事的追问。到底应该怎么写呢？下面就给读者一些写作方面的指导。

1）前言部分的写法

在讲解内容结构示例的时候提出过前言部分需要哪些要素，即行业趋势、驱动因素、行业需求和解决方案等模块。其实，这些模块还可以进一步分解，写作示例如下。

示例：前言

一、行业趋势
行业趋势的写法最好能够引用权威机构对行业的分析断言。
示例：著名权威机构 Gartner 预言 The future of database market is the cloud。

二、行业趋势的驱动因素（追问一个 Why）
通常来说，技术、政策、人口、市场成熟度和用户心智等都是常见的行业趋势的驱动因素。
示例：企业数据规模的迅猛增长和云计算的高速发展，带来了业务系统服务化和云化的趋势,"云即未来"的概念已经深入人心。此外,随着国际政治环境的复杂程度加深,自主可控也成了众多企业的重点需求。

三、在行业趋势大背景下面,企业普遍存在的需求是什么

示例:本类型的企业业务发展必然面临信息安全监管的需求,自主可控的云计算软件是企业的刚需。

四、我们推出了解决方案满足了这些需求

示例:因此,为了满足更多企业自主可控、降本增效、海量存储、敏捷运维以及数字化转型的需求,我们(公司名)推出××数字化集成解决方案,帮助企业快速上云,实现传统软件快速完成国产化迁移部署的需求,通过云原生能力支撑企业业务的爆发式增长。

下面,整体看一下这部分内容,就可以写出一个非常精炼有效的解决方案的背景和概述部分了。

著名权威机构 Gartner 预言 The future of database market is the cloud。企业数据规模的迅猛增长和云计算的高速发展,带来了业务系统服务化和云化的趋势,"云即未来"的概念已经深入人心。此外,随着国际政治环境的复杂程度加深,自主可控也成了众多企业的重点需求。因此,为了满足更多企业自主可控、降本增效、海量存储、敏捷运维以及数字化转型的需求,我们(公司名)推出××数字化集成解决方案,帮助企业快速上云,实现传统软件快速完成国产化迁移部署的需求,通过云原生能力支撑企业业务的爆发式增长。

2)问题与挑战部分的写法

问题与挑战部分涉及用户的需求,解决方案文档的需求分两个维度来看,第一个维度是客户或者读者从阅读角度来看自己的实际需求是什么,第二个维度是解决方案解决客户或者读者的具体需求。客户或读者的需求即他们想知道什么,为什么要知道,需要感受什么。挖掘需求是产品经理的基础工作,并不是产品设计的时候需要挖掘需求,写文档、写方案时也同样需要挖掘需求。

需求和问题的挖掘和分析也需要用结构化的方法,比如 5W2H 分析法(用 5 个以 W 开头的英语单词和两个以 H 开头的英语单词进行设问,发现解决问题的线索,寻找发明思路,进行设计构思,从而搞出新的发明项目)或 5Why 分析法等,逐步挖掘需求和问题的要素。当然对于解决方案来说,还是要基于作者对行业的理解与对自身能够提供的产品和服务的深入了解,才能说出客户或读者的问题和需求有哪些,然后利用这种方法,找到他们真正需要了解的内容和真正的需求,从而进行下一步的方案撰写。

在分析之后也可以设计出自己的写法。比如,对于某个问题,为什么会存在这个问题?存在这个问题会引出什么其他的问题?这个问题会带来什么后果?只有回答好了这几个问题,作者对一个具体问题的分析才算差不多到位了。下面展示问题与挑战部分的示例。

示例:问题与挑战

> 云数据库种类繁多导致选型困难(目前存在问题)
>
> 随着技术的发展和市场的成熟,提供数据库产品的企业越来越多,数据库产品的形态也越来越多,企业客户的直观感受就是现在市面上云数据库产品众多(第一个 Why,为什么数据库产品越来越多)。对于客户来说,产品多造成的一个直接困难就是无法确定何种数据库产品或产品组合是最适合自己业务特点的(第二个 Why,为什么产品多会有问题)。从而导致客户选择产品的时间成本和学习成本变高(火上浇油继续追问)。选择的产品一旦出现错误会给企业带来巨大的损失(后果分析)。

3)解决方案部分的写法

针对上面的问题与挑战,回答我们能提供什么样的产品和服务。因为有产品经理、技术专家在你的团队,所以这部分理论上是最好写的内容,只要按照实际的情况把内容写出来就好了。

这里可以突出行业和场景,比如,某一《游戏行业多场景云数据库解决方案》中就细化出了:玩家访问压力应对、游戏合服、游戏排行榜、游戏回档、掉线问题以及游戏买量优化6个大场景，这样可以让游戏行业的客户感受企业对行业场景和痛点的理解力和解决痛点的能力，如图5-9所示。

图5-9　场景化解决方案

下面展示一个解决方案的示例。

示例：解决方案

一、游戏买量优化方案

游戏运营阶段，通过对海量的获客结果数据进行分析，调整不同渠道投放比例，可大幅度提升买量行为效率。广告、买量分析需要数据分析技术，因为很多游戏客户缺乏大数据技术和人才的储备，短期难以落地。

二、方案设计

秒级实时分析，依托ADB预留模式和秒级监控DAU等数据，为广告投放效果提供在线决策保障。

打通了结构化和非结构化数据，广告买量投放效果实时（分钟级）分析，渠道评估更精确。

数据湖分析DLA、ADB高性能库和大容量库实现了数据冷、温、热三级分层，充分满足各层数据分析效率，同时有效降低了客户整体数据存储成本。

DLA和ADB兼容标准SQL，对于没有接触过大数据的研发人员来说，也可以轻松上手，完成平台开发。

该方案具体示意图如图5-10所示。

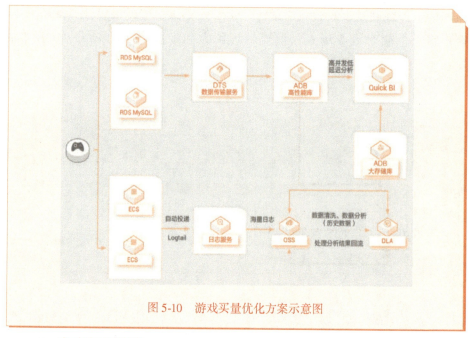

图 5-10　游戏买量优化方案示意图

4）成功客户案例

成功客户案例的部分内容可以复用客户案例的内容。重点突出客户收益，并且根据解决方案的场景把客户案例的内容进行简化。甚至可以只放一个客户企业的 Logo 和一句描述收益的话。下面展示成功客户案例示例。

> 成功客户案例
> ××企业通过数据库上云降低企业成本约 40%。

5）常见问题解答

进一步解答用户可能存在的疑问，比如术语的解释等。这一部分就采用整体的 FAQ 的写作模式，一问一答即可。记得答案要简单明了，帮助客户更好地理解产品。这部分比较简单，就不赘述了。

5.5　整体的写作原则

ToB 产品的内容都要遵循如下写作原则。

5.5.1 正确可用

内容的正确可用表现为,需要每一句话、每一个字都是正确可用的。无论是界面上的字符、参数和操作步骤,还是技术文章或客户故事,全部信息都必须如此。因为用户会基于这些内容采取行动,很多用户会因为错误的信息导致买错产品,一旦一个很小的信息出错,用户对整个内容的信任就全盘崩溃了,从而对品牌造成了负面影响,导致不满意的售后评价或退货,甚至是法律纠纷。

如何确保内容的正确性呢?下面给出几点启示。

1)在主观上需要细心和责任心,表现为在写作前对主题进行深入研究。比如,要写一个产品的参数信息,就要对产品的参数进行研究;要写一个《答辩攻略》,就要对答辩的整个流程进行研究,自己首先要明白整个流程才能告知别人。

2)在实际流程中,可以通过与主题专家的沟通和访谈得到正确的信息,并将其贯穿于整个产品或服务设计的流程中去。

3)跟进内容的变化情况。在企业和组织中,内容变更是常见的情况,而人们往往在变更了流程、服务或产品后,却忘记了变更内容,这就很可能导致客户得到错误且不可用的信息。

4)加强对内容的评审和验证。

5.5.2 简洁明了

凡提到写作,一定会提到简洁这个词。简洁作为一个基本原则,对于大部分的写作都适用。以前的人在发电报的时候,电文力求简练、明白,能用一个字表达清楚的就不用两个字。当每一个字都要收费的时候,人们不得不练习一种能力,就是尽量用最少的字去传递最多的信息。但也要防止用字过少致使电文内容不明确而造成收报人的误解。

内容设计虽然不至于像写电报的报文那样简洁明了,但也要尽量用最少且不损失必要信息的文字量。实际上,每一个字都确实很"值钱",用户在阅读时花费的时间成本少了,满意度就会提升。如果我们的产品面对多国市场，简洁的写作风格除了提升专业性之外，还能够切切实实地减少多语言翻译的一些费用。要做多语言版本的内容，每一个字的翻译成本都是昂贵的，假设把一个字翻译成一国语言的费用是五角，那么如果翻译成十国语言就是五元，删除了冗余字符，就为企业节省了成本。

互联网大大改变了用户的阅读习惯，各类平台产生的信息越来越多，但人们的耐心却越来越少，如果段落和句子太长，他们就会失去读下去的兴趣。因此，尽量用少却足够的信息解决问题，保持段落和句子短小精悍。对于非常长的段落，通常总会有各种各样的办法将其细分成更多段落。大家要明白：想说明白一件事是不需要太长的段落的。

要做到简洁，要求我们敢于删除，尽最大可能地减少冗余的内容，只留下必要的文字。作者往往会舍不得删除精心完成的内容，但是客户却不会浪费时间看他们不需要的信息。

好的文字意味着信息对于目标用户是直接清楚的。从这个角度来看，简洁的写作风格要基于对用户的精准研究，知道哪些是用户需要的，哪些是不需要的。结构化的写作自身就是一种有助于简洁的写作方式。

简洁明了的写作要求大家做到如下几点。

1. 考虑用户是否真的需要这些内容

要区分用户群体，对不同的用户群体提供不同的内容。比如，经销商不需要工程商需要的内容，施工人员不需要终端用户需要的内容，对特定的用户，不应该把他们不需要的内容也写进去。

2. 使用平实的语言

如果没有接触技术写作的相关知识，我们可能认为使用高调且华丽的辞藻会令用户印象深刻，还可以显示自己的写作功底和能力，但是对于大部分的写作来说，尤其是以高效传递信息为目的的写作来说，这类词的选择会加大用户的理解难度，对于用户来说都是"噪声"。

3. 避免易引起歧义或模棱两可的语言

有歧义或者模棱两可的语言可能会导致用户犯错。最好的做法就是多读几遍，或者找别人帮忙阅读几遍，看看会不会有令人产生歧义或者无法理解的内容。

4. 善于利用项目列表或图表来表示

俗话说：字不如表、表不如图。图表能够比文字更加简洁明了地表达思想。

下面举一个关于文字简洁明了的有趣示例。

> 在对的时间遇见对的人，是一生幸福；在对的时间，遇见错的人，是一场心伤；在错的时间，遇见错的人，是一段荒唐；在错的时间，遇见对的人，是一生叹息。

下面以两种方式优化上面这段文字。

第一种优化方式可以使用表格，如表 5-7 所示。如果给表格加一个诸如"论恋爱时机和对象对恋爱成果的影响"的解释性标题，则效果会更好。

表 5-7 用表格优化文字

对的时间	对 的 人	结 局
是	是	幸福
是	否	心伤
否	否	荒唐
否	是	叹息

第二种优化方式可以使用四象限的图片方式来体现，如图 5-11 所示。

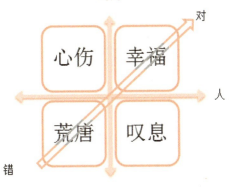

图 5-11 用图片优化文字

有时候内容多写几个字，并不影响理解，有些歧义也可能不会影响内容最终的使用，但是这些冗余与歧义会加重用户的阅读负担。简洁明了的目标，并不是修改错误的内容，而是在最大程度上减少用户的阅读负担，让他们乐于阅读，才能保证快速、有效地传递信息。

5.5.3 可预测

我们对时间的感知是受到可预测性的影响的，因为在不可预测的情况下，人们的心理活动会很多，而心理活动过多，会给人"度日如年"的感觉。一段好的内容与一个好的实用性产品设计是一样的，不要给用户"惊喜"（或者说惊吓）。不可预测的内容和呈现方式会让用户感到心累，就像走在一条陌生的路上，由于不知道终点在哪里，因此会觉得很远。别让用户陷入迷茫和思考的境地，要让他们像走在一条熟悉的道路上那样自然和亲近。这和交互设计中的最小惊讶原则有些类似，不要留悬念给用户，所有的信息都应该明示和精确。

在内容设计中，也不能让用户费力查找信息。可以用结构化内容标记的显示来帮助用户进行更快的内容定位。还要设计一个清晰的目录，让他们能够在一开始就实现快速查询。对于一些较长的操作步骤或者容量较大的内容模块，要在内容最开始的位置就给出操作流程的示例。图 5-12 所示为答辩流程总览的示意图。不要让内容变成那条陌生又遥远的路，令用户感到迷茫和恐惧，看也不想看。

图 5-12　流程总览示意图

当内容较多的时候，还应该设计页眉、页脚和页码，帮助用户进行定位，告诉用户，他在哪里、在做什么，从而减少用户的迷茫感觉。此外，页眉和页脚还应该进行美观度的相关设计。

5.5.4 避免"死线抽象"

死线抽象（Dead-Level Abstracting），是一个新闻语言学的概念，指语言的运用者只在语言"抽象层次"的某一级上使用语言，而忽视各种事物的复杂局面，将表达该事物的语言固定于某一不变的抽象层次上。这个词听上去有些吓人，其实很好理解，通俗点说就是一种语言失当的现象，指在进行沟通时，使用的语言都在同一个抽象等级里面，要么是高级的要么是低级的。比如，动物→两栖类→青蛙→一个叫"大嘴"的青蛙，就是四个等级的抽象语言符号。如果所有的语言都在高的抽象等级，比如，古文，由于都是用文言文进行编写的，因此就会给读者一种晦涩难懂的阅读体验；如果抽象的等级都在低层次，比如，脱口秀这类节目，由于所用的语言都是轻松、幽默的，因此不太适合当成在重大场合的发言内容。有效的交流应该是在灵活的视野下用不同抽象等级的语言来表达的。去听一下那些有经验的演说家的演讲就会发现，既有一定的深度和哲理，又含有丰富的白话和示例，既能拔高显示水平，又能接地气迎合受众，可谓老少通吃、通俗易懂。仔细研究一下他们的语言，就会发现这些人在演讲时对抽象的层级运用得非常灵活。

死线抽象的表现通常是用技术术语来解释技术术语，用行话来解释行话，这会造成用户理解上的困难。术语对于内行人来说可能不是什么问题，但在实际工作中，我们要在研究用户的知识背景的情况下慎重决定术语的使用。无论如何，都应避免大量地使用术语以及使用术语来解释术语的情况。当一个术语出现的时候，只要有难以理解的可能性，就需要根据写作对象的不同而进行不同级别的解释，最好是用现实的案例来说明，从而加强用户理解。

5.5.5 米勒法则

1956年，认知心理学家米勒（Miller）提出了米勒法则（Miller's Law）。米勒法则是一种对人类学习能力的研究得到的结果。从认知心理学的角度来看，人类处理信息的能力是有限度的。

人类的大脑是以联想方式进行思考的，而不是线性的，也没有套路。因此，人们在执行操作步骤时，常常会忘记为什么会执行到这一步。大脑的记忆也是通过联想将过去类似的经历和现在联系起来的。比如，吃到某个酸甜的食物时会感叹尝起来有点橘子的味道。

米勒的研究表明 7 是一个"有魔力的数字"。大多数人（并非每个人）能力的极限也只能把注意力集中在 7（正负 2）个信息块。这就像人类的其他极限一样，是很难改变的客观因素。这是由于短期记忆储存空间在很大程度上限制了人的思维能力。过量的信息会产生信息过载，超过 9 个信息块后会使大脑出错的概率大大提高。

根据米勒法则，人们在写作的时候，对任何信息都尽量不要超过 9 个项目。如果真的遇到超过 9 个项目的情况，可以对其进一步归类。比如，在写操作步骤的时候，发现产品的某项操作要用几十个步骤才能完成，那么这时候可以对这些步骤再进行一次概括和归类。如果归类很困难，或者说即使归类仍超过 9 个，这时候就可以给产品设计人员提意见了——这个产品的交互设计有问题。

人类更擅长处理小块信息，长的段落比短的段落读起来要困难得多。一般来说，技术内容的段落不要超过 9 句话，建议一个主题句，加上四五个支持的句子。甚至有的时候，一句话就是一个段落，比如，一些介绍性的背景信息类的内容，一行对图片进行形容的句子。每个段落都有一个主旨，不要为了字数的减少把两个段落并成一个。阅读需要注意力，大段的文字会吓跑读者，他们会直接略过不看，导致传递信息这个目标就失败了。这个法则对产品设计本身有很好的指导，对于技术写作、分配工作和学习进度的安排，也提供了很好的指导和参考。

5.5.6 术语与缩略语

试想一下我们在学习一门知识的时候，老师通常都先会从几个概念入手来讲，这个概念通常就是这个专业的术语。同行业的专家在一起能够顺畅地用术语交流，而其他非行业内的人士往往听不懂他们在讲什么。对术语的了解程度，决定了一个人是"门外汉"还是"专家"。用户在阅读内容的时候，出现的大部分的理解问题都是由于对术语不理解。有效的术语管理非常重要，可以提升一致性、整体写作效率，节省翻译成本，同时提高写作与翻译的质量。

从术语提取、管理、查询到使用，都应该进行有效管控。在创建包括技术参数、图纸、用户界面、软件字符串、在线帮助系统、技术文档以及市场推广类内容的时候，往往由多个作者共同完成，若是不对术语进行管控，对同样的事物有不同的名称，就会导致混乱和混淆，有效的术语管理对于确保沟通内容一致性来说是非常必要的。

术语的管理流程应该也是端到端的，对于写作团队来说，都应该在项目的最初就将关于主题的术语提炼出来并定义清楚。术语的定义应该只写一次，在后面的写作中，不同角色的工作者要使用术语及其解释，而不是反复对术语进行定义。

如果企业或组织拥有全面自动化的术语管理工具，就能够为开发人员、写作人员以及翻译人员带来极大帮助，从而减少对相关术语进行反复手动查询，同时也降低了术语不一致的风险，避免了意义混淆以及由此造成的产品发布延误、召回甚至更大的经济损失，提高了沟通效率。

中文技术文档中常常出现英文的缩略语。如果文中涉及多处缩略语，需要给出一个缩略语的整体说明，如表5-8所示。

表5-8 缩略语示意

缩略语	全称	说明
3G	The Third Generation	第三代（移动通信系统）
GIS	Geographic Information System	地理信息系统
IP	Internet Protocol	网络通信协议

缩略语首次出现在文中时，应给出全称与中文解释。

示例：本行车记录仪内置GPS（Geography Positioning System，全球定位系统）传感器。

5.5.7　尊重风俗和习惯

内容的本地化在整个产品本地化工作中占有的工作量最大，可以说，产品相关内容多了一国语言，就仿佛是多了一个巨大的市场。产品与服务的本地化是个更大的课题，本地化的程度也深浅不一。当我们面向不同国家的用户时，本地化工作的第一步往往是将产品的相关内容翻译成当地语言。这就要根据不同国家的用户对内容的使用习惯、他们能接受的沟通方式和喜欢的风格进行全面了解。

通常，有些区域的人注重关系，而另一些区域的人更注重个体，相对来说，东方人会更加稳重、礼貌，而西方人则更加自由、奔放。比如，写中文的内容时经常会写"请您做这个""请您不要做那个"之类的内容，在将其翻译成英文时，会直接翻译成 Please do this，Please don't do that。笔者在美国的一些同事，第一是希望我们把 Please 都删除了，他们表示 Chinese people are too polite（中国人太有礼貌了）；第二是他们认为中文更倾向用一些模糊的词语，不够精确具体。这也基本符合我国高语境文化的语言表达方式，比如，我国的菜谱通常都写的是"少许""适量"，而国外的菜谱都是写清楚几克或几分钟。

针对与不同文化背景的用户的交流，也有很多跨文化传播的研究，比如，关于高低语境的研究。东方人之间的交流是高语境的，中国人、日本人、韩国人都是代表，我们大多时候并不乐意直接表达想法，因此常常会说"你懂的""一切尽在不言中"，似乎沉默寡言的人代表了一种踏实可信。而西方人会倾向更加直接的沟通，语言更加直接。还有人称的使用，我们对别人很少会直呼其名，连"你"这个字都避免过多使用，生怕给别人冒犯的感觉。笔者家楼上的阿姨有一次跟我说，如果我跟她打称呼时说"阿姨，你去哪里啊"，她就会感到有点被冒犯了，因为按照她家乡的习惯，对长辈一定要称呼"您"。

在海外发布产品的时候，需要避免内容中出现如下问题。

1）避免涉及种族歧视、女性歧视的语言或图片等。

2）对不同国家的用户要有基本了解。想做到这一点并不容易，可以从禁忌入手，先保证不要让用户觉得不舒服。要跟当地的销售人员、技术人员进行沟通，对用户的生活习惯进行了解。

3）在用计算机翻译多国语言的时候，可以尝试用英文作为其他小语种的"源语言"，会得到更多的翻译资源和更高的翻译质量。

第 6 章

内容管理

　　内容管理并不是一个全新的概念,在很多市场内容的团队中都有一定的实践。内容管理顾名思义,就是对内容的管理。

6.1 内容管理概述

内容管理的相关基础知识已经在第 2、3 章进行了详细介绍，不再赘述。本章详细讲解内容管理涉及的标准、绩效、存取、流程和渠道。

6.1.1 标准（Standard）

结构化的技术写作就是基于标准和规定的写作。内容管理的第一个环节就是制定内容的标准，让内容有"纪律"，一方面要考虑对内容的各个层级结构进行标准化，从内容体系的标准化，到内容成果物（项目开发过程中最终向客户提交的产品，以及所有和项目相关的文档等）的标准化，再到内容元素的标准化；另一方面要考虑内容本身的标准化，我们的确不能规定到每个字、每个词的用法，但是对于术语来说，要有标准，对于内容的风格、语调等也需要有一致的标准。通常在企业中，这种标准化的规定是由相关的风格指南来进行规范和指导。

需要有标准来帮助技术作者做决定。评审的标准和 Checklist（清单或一览表）也是需要的。图片的标准也别忘了，还有发布的视觉样式标准，以及元分类和元数据的标准，同一个产品线的内容如何标注，同一个警示语的语义标签是如何制作的，等等。

6.1.2 绩效（Performance）

管理内容绩效表现为如下几个方面。

1. 内容真的可用

有了对内容管理的思路，就能够想到整个大局，知道你的内容是给谁看的，他们的目标是什么，他们什么时候需要内容，你的产品是怎么样的，技术内容如何进行指导和知会的。还要能收集用户的反馈，发现哪些内容根本就不需要，在资源有限的情况下，哪些是应该删除的，哪些是应该重点投资的。对于重点投资的内容，比如一些基础模块，我们要花更多的时间和精力创建、测试、验证和传递这部分的内容。这样内容才能真正发挥价值。

2. 内容能够被复用

有些内容是一次性的内容（很多促销或营销内容的特点决定了其不可能被复用，比如某一个产品的宣传文案是独一无二的），但是技术内容很多都是可以复用的。只要一个企业的行业是固定的，产品是有序的、成体系的，其产品是模块化设计的，技术内容就会产生大量的复用。若是技术内容一点复用都没有，要么是产品尚未成体系，要么就是技术作者没有做好这部分的工作，内容的绩效过低。能够多次复用的内容，就可以做成基础模块，此时要有研发的思路，将内容模块按照一定的粒度和规范进行"封装"，再在不同的内容交付物中进行调用。

3. 可重新规划性

结构良好的内容都是具有可扩展性的，内容模块设计良好的情况下，会变得非常容易被再次利用。比如，一个产品技术白皮书中的很多内容，可以拆出来放到宣传 PPT 中，用户手册中的内容可以放到培训手册中。这些相关的问题都可以有一个解决方案。重新对内容加以规划能够大大增加内容的价值，对于一些现实存在的物品和财产，如果损坏了我们会去对其进行修理，使用时会很注意，同理，对于内容，在创建好之后也不能对其置之不理。通过对内容的重新规划，能够使一个"老"的内容具有"新的生命"，让更多用户看到它，也能够提供更多的样式。当然，多次利用的内容一定是非常经济的。

作者可以利用一个内容模块的列表（这个列表可能在设计模块阶段和内容梳理阶段就已经产生了）清晰展现内容的大致情况。这时候再横向、纵向地对内容模块进行对比，发掘内容模块复用的潜力。如果缺少了前期良好的设计和梳理，就很难知道哪些内容值得重新规划和利用。

内容应该得到跨部门的应用，有时候重新利用仅仅是因为需要改变格式，而不是为了省事。

6.1.3 存取（Storage）

对内容要合理地进行归类和存取，这是任何内容管理系统和工具都不能帮助你做的事情。只能依靠清晰有逻辑的分类和对领域知识的掌握来管理内容，否则它很容易由于不合理的存放而产生浪费。试想一个堆得乱七八糟的衣橱，要在其中寻找衣物一定不容易。在对内容归类和存取时，至少要有两个视角，一个是用户视图，一个是管理视图。从用户视图来看如何让他快速找到想要的、喜欢的内容；从管理视图来看，如何能高效复用、创建和传递内容。同时，对于内容的管理，还要有合适的存取规范。

只要你是个有心人，就一定会发现每个文件都有一些特殊的信息，这些信息就是元数据，通常称为文档的属性，包含文档名称、大小、类型、时间和作者等信息。通常来说，用元数据来对文档进行查找和管理是最佳选择。但是只有这些属性，对于大企业的海量内容来说，还是不够的。你的管理在什么级别，你的元数据就在什么级别。

6.1.4　流程（Workflow）

要管理内容创建、发布、变更、作废的全部流程，也就是说完成一个完整的技术内容业务行为的过程。流程管理中需要注意的是：针对每个流程的阶段都要明确输入和输出是什么，此外还要有明确的目标，比如，写技术内容的目标是什么，写一本白皮书的目标又是什么，回答了用户的哪些问题，谁会去看，再来根据不同的内容类型确定其在整个产品流程中是如何嵌套的。

每一个阶段的负责人，每个项目的时长，每个模块的负责人，谁来审核，谁来发布，谁来负责报废或下线。这些过程中，有哪些规定动作，需要输出什么成果物。

6.1.5　渠道（Channel）

要管理内容的发布渠道。如果没有渠道，内容创建好之后就只能放在那里，传递不出去的内容毫无意义。但是在大部分的企业中，技术内容的传递渠道确实没有得到应有的重视，有些甚至是"自我欣赏"的内容，写了很多，花了大量的时间和精力，但是效能有限。大部分公司的传递方式都很随意，没有整体的渠道规划和发布策略，没有最大限度地发挥渠道的作用。

互联网加速了人类的信息交流，内容的传递渠道也有多种多样。想象一下在过去，人们在使用产品的时候，纸质的说明手册（比如产品说明书）可能是唯一一个信息获取的渠道。但是现在很多人在使用产品和服务的过程中遇到问题都会去网上搜索一下，看看有没有可以依靠的信息。

应该主动在用户需要的时候精准地推送这些内容给他们，或者好好设计我们的内容，让用户在需要时毫不费力就能找到这些技术内容，以此来最大限度地帮助用户，从而减少技术支持和售后服务的人力成本。

针对内容的类型，需要设计出渠道发布计划。比如，对于一个发布的内容，需要发布哪些形式，是否需要发布网页版的，某些内容是否需要发布一个嵌入产品中的帮助文档，是否需要印刷成册，印刷的规格是什么。

6.2 内容模块的复用

内容的复用能够降低企业的内容创建成本。在设计内容模块时，应该着眼于发掘这个内容模块的复用潜力。在设计内容模块的时候，通过"合并同类项"得到整个产品的内容基础模块。对跨文档、跨产品和跨部门等类型文档进行内容模块的合并同类项操作后，使得同样的内容模块只保留一个，这样对于复用会效率更高、更便捷。因此，对于内容模块的复用，还是值得单独再进行详细讲解的。

如果对于内容的创作一直采用非结构化的写作和内容管理方式，那么，内容复用的潜力绝对超过大家的想象力。只要对内容进行了结构化处理，采用了正确的复用方法和策略，内容的使用效率会显著提升。

复用的时候可以根据复用的颗粒度分为文档复用、内容模块复用或元素复用。

一个文档完全一样复用的情况，在实际中是非常少见的。而结构化的内容写作、管理和复用的主要对象都是内容的模块，如果把复用研究到内容元素这样小的颗粒度，需要管理的关系就会变得特别复杂，也会增大管理难度，导致很多问题，可能会特别烦琐。

在设计内容复用时，可以根据复用的程度对复用进行分类。

6.2.1 完全复用

完全复用表现为内容模块完全一致，常常发生在同系列产品的内容模块之间，由于产品设计的相似性，导致内容的相似性。还有就是同类产品的不同内容类型之间也可能会出现同样的可完全复用的内容模块。比如，法律声明、产品介绍、客户案例和常见问题解答等。

6.2.2 部分复用

部分复用表现为内容模块大部分一致，但是略有区别。这时将原来的内容稍加修改，就能得到可以使用的新内容。比如，客户案例在不同的内容类型中篇幅可能需要裁剪。

6.2.3 结构复用

结构复用表现为虽然是不同的产品或企业，但是具有相同内容的类型结构和基本元素，这样的情况下通常都可以复用。在企业的内容管理中，内容的结构要做一定程度的标准化，这样才能让内容生产者做填空题，使得整个流程更加顺畅和高效。

6.2.4 最小模块复用

术语、产品名称或抬头这类信息，在不同场合需要强制进行复用，并且不能出错，从复用的角度看，这就是最小模块的复用了。

跟我们在设计内容模块的时候一样，在进行内容复用的分析时要考虑多个复用的维度，才能充分发挥内容模块的复用潜力。结构化的内容模块很容易在其他的内容类型中进行复用。比如，产品描述可以在不同的技术内容发布物中进行复用，如表6-1所示。

表6-1 同一产品不同文档之间的内容模块复用示例

产品介绍	销售一指禅	文档C	复用分析
产品设计背景	产品设计背景	内容模块1	完全复用
内容模块2	内容模块2	内容模块2	部分复用
内容模块3		内容模块3	
客户案例	客户案例	内容模块4	完全复用
内容模块5		内容模块5	
- - -	- - -	内容模块6	
		内容模块7	

比如，产品参数表格中的产品介绍等内容模块，都应该是高度复用的内容，尤其是产品介绍，在不同的内容类型中，同一个产品的介绍应该是一致的。再比如，产品的培训资料可以直接用产品的用户手册进行复用，做成教程。

有时还会为了复用，对内容模块进行重新划分。比如，产品设计背景可以进一步细分为行业趋势、技术发展等，这些元素可以分别在其他内容类型中进行复用。有时为了更好复用，就不能将这些内容放在同一个模块之中。从管理的角度，在划分颗粒度的时候，要充分考虑复用的情况，以最大的复用可能来进行划分。

从内容管理的角度来看，需要输出如下成果物。

- 针对产品的技术内容体系。
- 内容体系中各文档结构化模块（详细定义内部结构说明）。
- 产品系列的内容模块复用矩阵表格。
- 技术内容管理规范。
- 各个技术内容发布物的功能说明。
- 产品或服务的技术内容体系。

此外，要记住复用越多的内容模块，就越值得花大量的时间去创建和维护，这类内容称为小黑裙内容（Black Dress Content）。有人把内容管理比作收拾衣橱，不同类型的衣服和配饰要分类摆放，能够让内容变得整齐好找，而复用多的内容，就是像每个女人必备的小黑裙，具备百搭、各种场合都适用的优点。

6.3 内容社区的建设

社区的内容管理与其他组织内部的内容管理和运营方式有着极大的区别。社区的管理需要做的事情也很多，从内容角度来看，目前论坛网站用户活跃量最多的还是知识学习类、专业技术交流类网站，因为这些东西无法在自媒体网站上深度传播，比如，编程技术、软件下载和电商运营技术等，这些知识内容在论坛里面非常能显示出实用的价值来。因此，做论坛网站要从这方面考虑。笔者认为，地方类论坛看似还有机会，实际上由于地域的限制，使用人数很少，不如做信息网站。

垂直领域的技术社区的价值是巨大的，就像一个流量池，对于企业其价值在于找到了用户在哪里。有了好的社区内容，用户会自己找上门来，自己注册、求助和发表帖子。

社区编辑要做的工作包括：寻找优质的内容贴，并善加利用，利用置顶、推荐至首页或频道页、加精华或标红等各种方法，将帖子推广到离用户最近的地方。除了发现或者原创好的内容贴外，还可以运用各种手法整合包装优质内容，比如每个月做一次财经类专题等。

内容运营的最终目标：让社区的用户自己能够写，这样才会聚拢更多的人来浏览，使整个社区良性发展。

技术社区和其他娱乐性、综合性社区的最大的区别就是，通常的场景下，用户在等人或无聊的时候会去看抖音、知乎，但是通常不会来看技术社区。用户自发来到技术社区通常都是为了找到某个问题的答案，因此做How-To（基础知识）类的技术内容非常有价值。即便如此，和C端内容社区的共性都是如何激发用户的创作热情和增强用户的黏性。

一个好的技术社区，能够增强品牌的影响力，树立企业技术能力优秀的形象，如果是开发者社区，还能引入开发者资源，帮助企业建立技术壁垒。

6.3.1 社区内传播

对于优质的内容，内容运营的人员要助力其在社区内部的传播，运营人员要有足够的信息敏感度并且非常了解用户的喜好，每天花大量时间去阅读内容，才能够将有价值的内容进行传播。当社区繁荣起来之后，如果一个又一个的内容读过再去确认传播机制就效率太低了，高效的传播需要建立一个内容活跃度的衡量算法，然后通过这个算法筛选有价值的内容。比如，点击率+热点词+楼主级别+关键词匹配等，用代码把这部分工作自动化。在完成了内容筛选之后，运营人员需要对筛选出来的内容进行二次确认和编辑，如果发现内容优质，但是标题不够吸引人，可联系发帖人修改标题，提高内容的点击率和阅读量。

等到内容全部读完，就可以规划推广资源了，比如，上首页、加精华和置顶等。

6.3.2 社区外传播

"出圈"是个常见词，很多偶像的作品若只能在其粉丝圈层流行的话，就很难维持热度。出圈才能带来更多的粉丝和流量。由于有拉新的需求，社区里沉淀的优质内容不能停留在社区内部，而是要积极出圈，先扩大优质内容的影响力，再通过优质的内容扩大产品和品牌的影响力，带来新的社区和用户。

自家企业的垂直技术社区是聚人气和拉流量的好地方，也就是所谓的私域流量，合作媒体、大众技术社区、微博和微信虽然同样重要，但都是属于别人的平台，无法将自己产品的用户沉淀下来。即使拉到流量，也会随着这些平台自身的起起伏伏有很多变化。比如，微博，从UGC（User Generated Content，用户原创内容）变成了一个典型的PGC

（Professional Generated Content，专业生产内容），更趋近于一个明星或各路 KOL 的发声平台，而普通用户的声音和流量都在朋友圈，也因此被其他用户所冷落。

企业自己的技术社区，能够真正沉淀铁杆用户，技术社区中，传播不再是单向的，而是让用户也能够发声，让他们能够基于产品和技术进行交流。对于一些资深用户来说，技术社区甚至可以成为他们的"精神家园"，找到志同道合的人，线下也增加了互动。

虽然社区的运营不仅仅是内容的运营，但是对于内容来说也是息息相关的。在讨论社区运营之前，一定要先想清楚，为什么我们要做社区？笔者在工作中见过太多"拍脑袋"的决策，很多事情领导灵感一来就决定开始做，根本没想清楚为什么要做，具体怎么做。最后吃苦、受累、不讨好的还是运营人员。如果目的并不太明确，也没有什么详细的运营方案，个人建议还是不要做社区了。社区不像一个网站，搭建完成后做好内容与 SEO 通过搜索引擎就会有一个稳定的访问量。社区要的不只是访问量，更多的是要用户在这里互动。

6.3.3 做社区必备条件

做社区的必备条件如下所述。
1）找到核心用户。
2）把用户留住，吸引他们经常来浏览。
3）把核心用户挖掘出来，吸引他们来社区发布有价值的内容。
4）把有价值的内容传播出去，吸引更多的用户来看。

可以说，运营一个初创社区要比运营一个网站或者新建的微信公众号难多了，因为公众号自带运营的功能并且可以利用微信的流量，有固定的入口，可以在朋友圈和微信群转发等。如果你的内容运营工作刚刚起步，想快速给自己增加一个成功的案例，建议去运营一个微信公众号而不要做社区，但跟微信公众号比起来，社区才是真正的"寻找志同道合的人"的地方。

6.4 渠道建设——常见的技术内容渠道

内容传播的渠道和方式近年来有着巨大的变化，电子化仍旧是一个趋势。其实电子化已经很多年了，但还是有很多企业没有做好技术内容在互联网上的传播。此外内容的生产者也有变化，内容的传播从单向到双向，再到多向传播，用户在整个传播过程中的作用越来越大。企业应该关注从 PGC 到 UGC 的转变，重视用户产生的内容。这样一来，付费媒体、技术论坛和用户微信群都变成了技术内容的常用发布渠道和重点阵地。

6.4.1 纸媒

内容最传统和常见的形式是印刷品，纸质的印刷品是内容运营不可缺少的一部分，无论是拜访客户还是展会分发，印刷品都有不可替代的地位。不论有多少人告诉你用户不会去看纸质的技术内容，认为纸质内容是个多么没意义的"书"，都不用相信。只要你真的去采访一下客户，就会知道在大多数情况下，他们实际上还是喜欢印刷品的，也期待你留下白纸黑字，还期待参加你组织的会议带回一些资料而不是空手而归。只不过也许你的内容不够吸引，或者说明书不够清晰，甚至给出了错误的指导，浪费用户的时间，导致了他们不再信任。

对于纸质印刷品的设计，同样要符合产品的定位，不能出现低级错误。如果产品的定位是高端的，这些印刷品应该也是高端的，要有精心的设计、排版和印刷。对纸张的选择也是非常重要的，高端产品可以选择对纸张进行过油、覆膜和彩印等方式，来提高整体的阅读体验，而效果一般的纸张，比如经济实惠的 70g 胶版纸，会影响用户对产品的整体感受。

为了避免印刷错误，印刷前应该先打样出样品，对样品进行检查。还应该注意排版、裁切和图片清晰度等问题。

6.4.2 官网

官方网站应该是权威信息的发布渠道，比如，政务公开网、企业官网等。当官网和其他渠道的信息传播有冲突时，用户倾向于相信官网的信息。此外，当公司业务需要投标时，尤其针对海外客户的投标时，官网上的信息会被采信为唯一的权威信息。若是出现官网上不存在的产品型号或服务类型，采购方会质疑投标文件的权威性，也会认为你们缺少某个产品，不然官网上怎么会没有呢。这就增加了沟通的难度和成本，削弱了用户的信任，甚至影响销售。因为官网的产品信息出错，导致退货和法律纠纷的问题也是屡见不鲜的。

由于用户认为官网是权威的，因此官网也起到一个引流的作用，技术内容能够在官网上发布，会显著扩大其传播范围，比起印刷品的发放以及点对点的邮件发送，官网的传播效率显然要高很多。潜在用户会从不同的渠道链接到官网，在官网上，要给客户这样的一种感觉：我是官方的，因此我是权威的，你找对地方了。

官网中最常见的一个问题是给客户的感觉只是为了卖东西而不是为了帮助用户，内容针对性不强，大部分的官网都通过摆放过多的广告信息来展示自己的公司实力有多么强大，以及优越的企业文化，这些都没有问题，但是技术内容更加重要，否则这种"自夸式"官网不大可能提升潜在用户对品牌的信任度。笔者见过很多企业官网上那些以自我为中心的话语，以及只对内部人员有意义的公司新闻等信息，比如，只展示了一些公司内部举办的某某会议等，这些信息对于大部分的用户来说没有任何意义。

检查公司官网上的技术内容应该包含如下信息。

1. 产品分类是否符合用户的习惯

用户是否能够按照导航找到自己想要的内容，比如，产品分类往往显示的是组织架构的分类，能否按照用户的理解进行分类。按照企业内部的组织架构对内容进行分类，是一个非常典型且常见的问题，若是企业内部的架构与用户的分类方式不谋而合是没问题的，若是不同，用户就会很难找到自己想要的内容。

2. 产品或某项用户在意的功能是否能搜到

多数用户会认为搜不到的产品就是不存在。需要注意的是，用户有时候不会直接搜索产品的型号或名称，而是会搜索某一个产品的功能，要确保具备这个功能的关联产品能够在结果中显示。

3. 产品页面下包含全部内容

很多时候，在官网的设计中，会将技术内容和市场推广内容进行区分，技术内容放在"售后"，或者是放在一个称为"下载"的页面之中，这样的设计并非不可以，但是当用户打开某个产品的页面时候，应该能够得到这个产品的所有信息，或者是该信息的链接，而不是到多个界面去分别查找和下载。

4. 过时内容及时删除

过时的内容会让用户觉得发布者和运营者漫不经心，从而产生不好的感受。如果官网上的一款产品已经更新过好多版本了，但是信息还是好几年前的，用户也会认为这个公司的整体运营很差。

6.4.3　微信公众号

微信公众号现在已经是企业的必备媒体了，但近年来随着短视频平台的崛起，部分公众号的阅读量不高也没有什么反响，有很多公众号，都没有得到很好的传播效果，流量也明显未达预期。这与用户的使用场景息息相关，用户对公众号的理解，还是一种更加碎片的信息传递，并且通常更适合的是信息的推送，而不是信息的查找，因为用户获取技术内容时查找一定是多于推送的。

微信公众号对于具有教育性质和科普类的内容的传递，反响一般都不错。技术人员可以将这部分内容写成具有长远意义的科普内容。比如，《简单五步，教您进行设备联网》《三个小技能玩转智能手机》《那些年我们没有找到的隐藏功能》等。

这类具有教育和指导意义的技术内容，属于长期的内容，只要产品的生命周期没有结束，这类内容就有意义，应该作为整体企业内容策略的重要的一环,给用户赋能,提供很多价值。此外,利用公众号传播更具有娱乐性的内容会更受用户欢迎。

6.4.4 用户产生的内容

发布渠道的建立让我们知道了如何能够将内容传递出去,但是仅仅传递出去显然还不够。在这个阶段,就需要对内容在用户端的表现情况进行收集,传统的纸媒没办法做到这一点——能够让内容实现一部分服务的功能。

除了建设用户论坛,还可以通过建设用户的微信群等方法。一个微信群如果运营得好,当一个用户产生问题,就会有其他用户一起来帮忙解答。这似乎不太正规,但非常有效。很多活跃的用户会非常乐意将自己的知识和经验分享出去。从而获得成就感。

IPSOS(益普索集团)的一项调查结果显示,千禧一代不同于前几代消费者去关注那些传统的、专业制作的广告内容,他们将约30%的时间都花在了UGC端。调查显示,千禧一代对信息渠道的信任度分别为:与朋友交谈(约74%)、同行评估(约68%)和社交网络(约50%),胜过报纸(约44%)、广播(约37%)和电视(34%)。用户可以是你的"天使",他们可以在用户论坛中自己产生内容,没有人比用户更了解用户了,而且用户产生的内容更加多样并富有创意。用户论坛的内容之中,操作指导类和故障解决类占有很大的比重。用户使用和点击的也多是这类的内容,比如,GoPro(美国运动相机厂商)的玩机指南等。甚至有些忠实用户会自己在网络上创建这一类的信息,也就是UGC。在UGC模式下,网友不再只是观众,而是成为互联网内容的生产者和供应者,体验式互联网服务得以发展得更深入。UGC模式不仅满足了用户更加多元化的需求,由于网络时代的用户越来越倾向于更加相信用户产生的内容,而不是商业的内容,UGC内容对用户购买决策也产生了重要影响。

对这些UGC的运营,让用户有一种"找到了组织"的归属感。而自己创建的信息被他人使用,更是有一种成就感。作为组织和公司,可以省掉很多自己生产内容的成本，又能增加用户的黏性，可谓一举多得。你要做的就是创建这个平台，并设定一定的内容分享、查看、发布和奖赏的机制，来激励用户对内容的使用和消费。

6.4.5 视频平台

视频内容的兴起，也应该引起技术作者的注意。5G时代使得在手机端看视频成为家常便饭。看视频不仅能够成为一个娱乐方式，也成了一个信息获取的重要方式。由于视频兼有提供信息和富有娱乐性这两个特征，广受用户的喜爱。对技术内容也提供了新的思路。操作视频、产品展示视频等都能够取得良好的传播和使用效果。

视频本身并不是完美的传播工具，其属于非结构化的数据，很难跳转和管理。视频几乎是无法重用或重新规划的。阅读文本的话，可以根据标题和元数据标签进行定位，但是看视频的时候，有时候要从头到尾看完，才能保证很多细节没有错过（不过现在也有一些结构化视频的方法，只是制作成本很高）。此外，视频制作的成本相对比较高，如果是产品线非常丰富的企业，并且要把视频做得非常精美的话，是非常昂贵的。

对于视频来说，有如下一些制作策略。

1）短视频，一个视频展示一个短任务，两三分钟为宜。一个视频如果超过三分钟，就很可能令观众厌烦。

2）倾向重点产品。由于视频成本高，建议只有战略型产品或者是高端产品，或者是销售额较高的产品才做操作和展示视频。

3）通过技术对视频进行结构化处理，可以像爱奇艺、优酷等视频网站一样，提供给用户能够定位的内容要点和关键节点。

4）视频更加适合展示复杂、琐碎以及用文字和图片很难描述的动作，类似于织毛衣或编辫子这种烦琐、细致的动作，这种动作用语言和图片都很难展示，视频是最好的方案。

5）增加视频内容的趣味性，否则就会得到一个很差的完播率。

不同的内容类型和渠道之间的适应性不同，各个渠道都有自身的优缺点。内容的管理者，应该根据现有的情况对渠道进行优化和调整，同时也要关注是否需要对新的内容传递渠道进行规划。不过，新建渠道是很艰难的事情，需要多个部门的合作，有时需要资金的投入，比如，设计一个产品交流网站，搭建一个用户论坛等。这一切当然都要从用户和企业的商业目标两个角度出发，找到最佳的契合点。

准确、及时和可查找的内容无疑会提升用户的品牌忠诚度，这样可以对销售进行促进，管控可能存在的问题和风险，提升产品使用和服务支持的效率，从而提升公司和品牌整体的竞争力。

后　　记

近年来，ToB 产品的内容运营逐步往 ToC 产品的内容方向靠拢，以往那些无趣、缺乏创意且只注重信息传递的内容也逐步在迎接新的创意、媒体和技术。内容会越来越多地与技术融合，从而提升用户的体验感，阿里云和华为云分别都在官网上有产品体验馆，就是通过内容帮助用户进行产品的体验，从看得见到摸得着，来帮助用户更好地对产品产生信任。比如，阿里云的数据库场景化体验馆，就将数据库应用的具体场景通过技术手段打造成一个可以体验的内容，让用户看到产品在大行业下的具体场景的能力，从而打动用户。从内容的创作角度来说，内容越来越被打造成一个产品，ToB 企业的内容 IP 化、产品化的趋势也早有显现，比如华为曾经推出"强叔"这个 IP，用来打造防火墙领域的专家形象。高黏性的粉丝一定在垂直的领域，ToB 是一个重要的赛道，比如数据库领域的人，重点关注的社区、公众号往往就那么几个，这才是 ToB 内容的主要阵地。

要想做好 ToB 产品的内容运营，是一件很有难度的事。因为 ToC 内容涉及的相关领域与生活的方方面面都很相关，所以用户本身可能就是内容的消费者，创作起来则相对容易一些。但是 ToB 产品复杂，又有些高科技的属性，因此用户不一定能接触或理解这一类产品，对于创作来说，增加了很大难度。总体来说，ToB 产品的内容运营人员需要具备以下特点。

首先，需要懂行业，必须对行业有比较全面的理解，甚至是比较深入的理解。比如，想做数据库的内容就需要懂数据库，做金融行业的产品就要懂金融。同时，ToB 的内容运营人才也比较细分。比如，技术社区的运营，一般来说，没有比一个 KOL 出身的人亲自入局做得更好了。

其次，会写作，能写长篇稿件、文笔优秀，这是非常基础的能力。比如，在数据库领域，如果能从数据库的过去开始写作，中间穿插相关从业者在科技发展的浪潮中跌宕起伏的故事，最后引出未来的发展趋势，这样的一个大型稿件的影响力是巨大的。

第三，接受新媒体。比如，视频制作，你可以不会视频剪辑，但是一定要有设计内容和导演的能力，能够把脚本写出来，一次采访的金句是什么。如果嘉宾很优秀，自己就能生产金句，但是为了保险起见，很多金句要在脚本中出现，事先就必须规划出来。

第四，数据敏感。要有数据的感觉，尤其是对 ToB 产品来说，很多内容不可能像 ToC 产品那么有爆点和流量，10 万 + 往往是奢望。创作内容的读者需要明白，也许几千人消费量的数据等级也是一个正常合理的水平。在这个水平下，再判断内容的优劣和传播度。

第五，沟通合作能力，运营是一个连接一切的工作。内容运营通过内容连接产品和用户，连接科技与商业，连接公司内外，如果沟通能力不行，做这个工作将不亚于一场灾难。

第六，也是最重要的一点，就是结构化思维，如果缺少了结构化思维，内容会杂乱无章。结构化思维也是本书的支撑体系，没有结构化思维，也不会有这本书的存在。

内容运营经常被认为是品牌管理的一部分，这种说法不够全面，它可以为品牌服务，但是内容的作用却不仅是提升品牌知名度，而是助力产品的方方面面。因此，内容运营一直都会是一件非常重要和有价值的工作。

最后，内容运营无论是 ToC 产品还是 ToB 产品，都有很多种方法，本书只提供一种结构化的思路，希望通过结构化的方法，能够让内容从设计到发布到管理变得有据可循，从流程到方法论都更加清晰。也许世界上还有很多更好的思路，笔者也一直在学习的路上。感谢您的阅读，祝您开卷有益。